# CON LA FUERZA DE UN
# HURACÁN

# MARIPILY

# CON LA FUERZA DE UN
# HURACÁN

*Mi historia, mi verdad*

🜨 Planeta

© 2025, Editorial Planeta Mexicana, S.A. de C.V.
Bajo el sello editorial PLANETA m.r.
Avenida Presidente Masarik núm. 111,
Piso 2, Polanco V Sección, Miguel Hidalgo
C.P. 11560, Ciudad de México
www.planetadelibros.us

Primera edición impresa en esta presentación: julio de 2025
ISBN: 978-607-39-2703-1

Impreso en los talleres de Bertelsmann Printing Group USA
25 Jack Enders Boulevard, Berryville, Virginia 22611, USA.
Impreso en EE.UU. - *Printed in the United States of America*

# ÍNDICE

*Al único dueño de mi corazón:*
*Joe Joe. Gracias, hijo, por ser el calor*
*que me fortalece y la brisa que me calma*

# CON LA FUERZA DE UN HURACÁN QUE PUEDE ARRASAR SIN HACER DAÑO

L a vida me ha enseñado que hay momentos en que el silencio se quiebra en un estruendo y las lágrimas se convierten en ríos de fuerza incontenible. Al leer este libro valido el testimonio de esas batallas, de esos instantes en que el dolor y la adversidad se transformaron en la fuerza arrolladora de un huracán.

Cada página es un grito, un manifiesto de la lucha contra lo que intenta silenciarle, de la determinación por transformar el dolor en el combustible que le impulsa a seguir adelante.

No se trata de una historia sin cicatrices, sino de un relato en el que cada herida se convierte en un testimonio de resiliencia y de una capacidad infinita de reinventarse. Maripily aprendió con el tiempo que, como las ráfagas del huracán, las emociones suben de categoría y las vivencias dolorosas pueden destruir lo viejo para dar paso a algo nuevo, a una verdad que brilla con luz propia.

De la mofa y la burla, Maripily encontró la semilla de su fortaleza. No cedió a conformarse con una imagen dictada por otros; solo decidió ser ella, y el tiempo la llevó a ser respetada por lo que es.

En estas líneas encontrarás un eco de tus propias batallas, descubrirás que hay algo de ti en la fuerza que también reside en lo más profundo de tu ser. Este libro es para aquellas personas que se atreven a enfrentar la tempestad y a transformarla en un grito de libertad. También es para quienes necesitan conocer esta historia e inspirarse a reconocer la fuerza imparable que siempre ha estado latente, transformando cada obstáculo en un peldaño hacia su verdad.

La historia de Maripily es la de una mujer que ha aprendido a volar sobre las ruinas de sus propias tormentas y a transformar la fragilidad en una fuerza imparable. Contando sus vivencias, quiere que sepas que, aunque las tempestades parezcan interminables, cada una de ellas tiene la capacidad de transformarnos, de enseñarnos a ser auténticos y de recordarnos que somos dueños de nuestro destino perfectamente imperfecto. Ella es una mujer que no se deja intimidar y que se reta constantemente.

Bienvenidos a este viaje sin retorno, donde cada palabra es testimonio y cada historia un llamado a despertar la guerrera o el guerrero en tu interior.

CARLOS BERMÚDEZ
Productor y publicista

# Introducción

«Maripily es un libro abierto». Esta frase la he dicho muchas veces a lo largo de mi trayectoria artística, porque nunca le he ocultado nada a mi público, ni siquiera en los momentos más difíciles que me ha tocado enfrentar. Por eso no me sorprendió que, al anunciar que publicaría mi autobiografía, mis admiradores cuestionaran con rabia: «¿Y sobre qué va a escribir ella, si ya lo ha contado todo?».

La pregunta es válida, pero lo que no saben esas personas es que en el libro de mi vida, que ellos creen conocer, faltan unas cuantas páginas. Muy pocos saben de aquellos capítulos que arranqué en un momento dado para poder levantarme, curar mis heridas y continuar mi camino. Los eliminé a propósito porque no quería que nadie los leyera, porque no quería sentirme vulnerable ante los demás, porque temía dañar la imagen de la mujer guerrera, de la mamá leona, del mujerón injodible que no le tiene miedo a nada ni a nadie. Tenía la esperanza de que, si rompía en pedacitos aquellas historias escritas en mi mente y en mi piel, sería como si no hubieran existido y, por lo tanto, no me dolerían más. Evidentemente, estaba equivocada.

El triunfo que me regalaron ustedes en la cuarta temporada de *La casa de los famosos* me hizo cambiar por completo esa impresión. Quienes me conocieron y quienes me redescubrieron en el *reality show* de Telemundo, más allá de apoyar a Maripily, aceptaron a María del Pilar Rivera Borrero, con sus virtudes y sus defectos; con todo su equipaje. Entonces entendí que había llegado la hora de darle prioridad a la persona que le dio vida al personaje. Comprendí que era el momento perfecto para buscar reconstruir aquellas páginas que habían quedado en el pasado y pegarlas nuevamente para, de una vez, contar mi historia completa. Esta vez sin intermediarios y sin temor al dolor. Simplemente, descargar todo lo que viví.

En ese proceso descubrí que, si bien revivir algunas historias todavía duele, ya no me hace daño, porque las he revisitado con 47 años de madurez, con mi corazón fortalecido por el poder del perdón y con un agradecimiento infinito de estar aquí hoy. Ahora sé que cada experiencia vivida —buena, mala, terrible o maravillosa— ha sido necesaria para transformarme en la mujer perfectamente imperfecta, pero feliz, que soy. Una mujer que no se quita, porque ha comprobado que con fe y con mucha disciplina puede lograr todo lo que se proponga, y hasta más de lo que imaginaba.

El paso arrollador del Huracán Boricua por *La casa de los famosos* fue una experiencia positiva que me abrió un mundo de posibilidades. Curiosamente, el encierro de cuatro meses también me dejó una gran dificultad: se afectó mi memoria de manera considerable. Desde que salí de la Casa comencé a notar que no me acordaba de cosas importantes de mi pasado. Entonces consulté a una psicóloga, quien me explicó que es normal que esto ocurra cuando se ha estado tanto tiempo aislado del mundo exterior. Aunque esta condición debe ir mejorando poco a poco, lo cierto es que no me ayudó para nada en el proceso de ordenar mis memorias para que Ana, la escritora, pudiera comunicar a través del papel tanto mis palabras como mis más profundos sentimientos. Se me complicó bastante la tarea de recordar fechas

exactas, conversaciones, detalles. Menos mal que a
mi rescate llegó mi hermana, quien fue parte de muchas de mis vivencias y testigo de las lágrimas que
me ha tocado derramar. Gracias, Glori, por estar a
mi lado y por ayudarme a llenar los espacios que habían quedado en blanco dentro de mi cabeza.

Así fue como pude completar la autobiografía de
María del Pilar Rivera Borrero. Esta no es solamente
la historia de la modelo sexi que posó para las portadas de revistas, que fue reseñada en periódicos,
criticada en programas de chismes o caricaturizada
en personajes de comedia. No es únicamente la Maripily que protagonizó un escándalo más del mundo de la farándula, de esos que supuestamente no le
importan a nadie, pero que suben los *ratings* y las
ventas de los medios. Aquí les presento a la hija, a la
hermana, a la madre, a la mujer que ríe y se defiende
como loba ante las cámaras y que también llora sola
en la penumbra del clóset de su casa.

No pretendo retratarme como una santa, porque
no lo soy ni me queda bien ese papel. Lo único que
quiero es mostrarme tan humana como tú, que me
lees, reconociendo todas las veces que me equivo-
qué, pero siempre sacando algo positivo de lo negativo; aprovechando esas segundas oportunidades que

todos merecemos; atendiendo mi salud física y mental para ser cada día más fuerte; teniendo como prioridad a mi hijo, mi proyecto más importante; protegiendo a mi familia; y poniendo todo en las manos de Papá Dios.

Al final, soltar las cargas del pasado me ha dejado con tremendo alivio. Tranquilita. En paz. Muy cierto eso de que la verdad tiene un efecto liberador. Puedo decir, sin que me queden dudas, que hoy me quiero y me valoro más que nunca, porque si he sobrevivido a tantas tempestades es porque hay conmigo un propósito divino que estoy lista para cumplir. Y si con alguien quiero compartir y celebrar este descubrimiento es contigo, con mi público, al que le debo tanto. Ojalá que algo de lo que leas aquí te toque el corazón o te sirva de alguna manera para motivarte a seguir dando la batalla ante cualquier reto que tengas delante. Si por algo nos distinguimos los latinos ante el mundo es por nuestro espíritu de lucha frente a las más complejas adversidades. El truco no está en ir peleando contra todo en el mundo, sino en luchar por ti, en cuidar tu bienestar físico, emocional y económico. Así que cuando la vida te apriete, no te rindas; mejor respóndele con actitud: «¡Aquí la de los cojones soy yo!».

Aquí tenía 6 años. Como siempre, mis hermanos
y yo nos juntamos a jugar.

Categoría 1:

# VIGILANCIA DE TORMENTA TROPICAL

Uno de los segmentos que más llamaban la atención del público de la cuarta temporada de *La casa de los famosos* era el de los candentes posicionamientos. No es fácil pararse frente a una persona, mirándola a los ojos, y decirle lo que opinas de ella, sobre todo cuando lo que va a salir de tu boca es una crítica negativa. Peor aún si la persona a quien te enfrentas es hipócrita o mentirosa. Sinceramente, no creo que ninguno de los integrantes de la Casa disfrutara mucho de esa parte de la competencia. Yo tampoco, pero había que hacerlo. Afortunada o desafortunadamente para mí, cantarle las verdades a la gente en su cara no fue algo que me tocara aprender en el *reality show*. La verdad es que a mí me ha tocado vivir así, a la defensiva.

*«Soy rebelde porque el mundo me hizo así»*, dice una canción muy famosa que interpretaba la querida *vedette* boricua Iris Chacón. Sin embargo, nunca he considerado que defenderme o defender a otros ante lo que considero injusto o falso sea un acto de rebeldía. Esta actitud la he tenido que asumir como una táctica de guerra; es más, estoy segura de que ha sido el modo de supervivencia que me ha permitido llegar hasta aquí. Desde que era una niña me di cuenta de que tenía que confrontar a mis agresores para poder avanzar. Ha sido mi forma de ir tras lo que siempre he querido, que, como dice la misma canción de la Chacón, no es más que *«soñar y vivir, olvidar el rencor, cantar y reír, y sentir solo amor»*.

Me atrevo a señalar el divorcio de mis padres, cuando tenía unos 7 años, como el momento preciso en que se comenzó a definir este aspecto de mi personalidad. Porque antes de ese suceso, que fue tan traumático para mí, los recuerdos de mi niñez que me llegan a la mente son completamente hermosos. Pienso en Pilarcita, como me decían mis padres, y me veo feliz junto a mi familia en nuestra casita de la calle Constancia de Villa del Carmen, en Ponce. ¡Así es, ponceña de pura cepa! Nací el 15 de julio de 1977 en el hospital San Lucas; fui la tercera de los cuatro hijos del primer matrimonio de mi papá, Héctor Luis, con mi mamá, Pilar.

Todavía, de vez en cuando, sin que nadie lo sepa, paso por aquella casa solo para mirarla, porque adoro recordar todo lo que viví allí. Es como viajar en el tiempo para estar de nuevo correteando en la marquesina con mis hermanos —Glorimar (Glori), Héctor Luis y Héctor Gabriel—, trepándome por las rejas «como una cabrita», como decía papi, que me mandaba bajar para que no me fuera a escocotar. Cierro los ojos y todavía puedo sentir ese olor tan rico que salía de la cocina cuando mami hacía arroz con salchichas y chuletas, ocupándose de que la comida estuviera lista para cuando llegara papi, que trabajaba como cajero en un banco.

A mami le encantaba cocinar. Bueno, era toda una ama de casa, bien organizada, muy tradicional. Hacía de todo; hasta nos cosía los uniformes de la escuela en su máquina de pedales. Yo me sentaba a su lado, con una máquina de juguete, a coserles ropa a mis muñecas con los retazos de tela que ella me daba. Y cuando veía a papi bajarse del carro, un Nova color *brown*, iba corriendo a recibirlo cantando «Papiitooo, papito míooo». Su llegada cada tarde era una fiesta para mí, porque era la señal de que ya podíamos sentarnos a comer en la mesa todos juntos, como una familia perfecta. Al menos así era como lo sentía Pilarcita.

Siempre fui bien apegada a papi y me parezco mucho a él, pero en la adultez he ido descubriendo todo lo que hay de mami en mi personalidad. Ahora siento que me parezco más a ella. Por ejemplo, siento esa misma satisfacción suya de realizar las tareas de la casa, en especial de cocinar, pero hasta planchar la ropa me lo disfruto. También heredé su carácter fuerte; soy muy celosa de mi familia y amorosa al mismo tiempo. Como mami, me entrego en mis relaciones sentimentales y tiendo a idealizarlas, para luego chocar con la realidad. Tengo muchos rasgos físicos de papi, pero también me parezco a mami en algunos gestos y en el colorcito de la piel. Ella era una mujer guapísima. A veces mis hermanos dicen que la ven a través de mí y eso siempre me emociona.

Hasta ahí todo iba bien; como dije, éramos felices. Pero la relación entre mis padres comenzó a dañarse por varias razones. La primera, que mami estaba confrontando problemas de salud mental, y la segunda, la infidelidad de mi padre. Vamos por partes.

Mami, sin razón aparente, de repente se ponía agresiva. Le daban unos arranques que hasta hablaba con los espejos, colgaba cruces por toda la casa y dormía con un cuchillo debajo de la cama. Tenía delirio de persecución. Tristemente, no buscó ayuda profesional, porque en esos tiempos en los hogares no se hablaba de los problemas de salud mental. Se entendía que ir a un psicólogo o tomar pastillas era cosa de locos, y ella no se iba a someter a ese juicio; así que, como era de esperarse, su condición fue empeorando. Un buen día le dio con que un vecino nos quería hacer daño; cruzó la calle y fue hasta su casa para caerle encima. La cosa se salió de control. En ese momento, papi empezó a temer por nuestra seguridad y nos sacó de la casa. Siendo tan pequeña, yo no entendía la gravedad de lo que estaba pasando, pero mis hermanos mayores sufrieron mucho esa etapa. A mí lo que más me dolió fue separarme de mami.

Nos fuimos a vivir a la casa de mis abuelos paternos, mami Gloria y papi Chago, en la urbanización Río Cañas, en Ponce. Recuerdo que a mi tío Junito le asignaron la tarea de irnos a buscar a la escuela, y después nos quedábamos en el restaurante de mis abuelos en la calle Villa hasta que papi salía de trabajar. Allí aprendí a cocinar con mi abuela, que me trepaba en un cajoncito para que le ayudara a lavar el arroz. Hacía las asignaciones y luego me iba a dormir en una hamaca que había en la parte de atrás o nos poníamos a tejer.

En medio de nuestra adaptación a esta nueva rutina familiar en casa de mis abuelos, papi empezó a coquetear con una empleada de la farmacia que quedaba justo al lado del banco donde él trabajaba. Eso acabó de destruir lo que quedaba de su matrimonio con mami, que no pudo soportar esa infidelidad. Terminaron divorciándose, en muy malos términos. Papi logró quedarse con la custodia de sus hijos, dada la inestabilidad emocional de mami, y después de eso le hacía la vida imposible para que no pudiera vernos. Se podría decir que, prácticamente, nos tenía secuestrados.

Ante esto, lo que yo pensaba era que mami nos había abandonado. No fue hasta muchos años después cuando entendí la verdadera historia. La realidad fue que papi nos utilizó para castigarla, porque, en el fondo, como todo un macharrán, no se quería divorciar. La hizo sufrir tanto... y en su egoísmo nos llevó enredados a nosotros también, porque, injustamente, nos arrancó ese amor de madre que nada puede sustituir.

Pero mami no se daba por vencida. Una noche vio el Nova de papi estacionado frente a una casa que compró en el pueblo, donde vivía con su amante en ese momento, y ahí se formó la grande. Empezó a gritarle a papi desde la calle: «Héctoooor, Héctooor». Mis hermanos y yo estábamos adentro de la casa con papi, pero no nos dejaba contestar. Entonces mami cogió una piedra y le rompió un cristal del carro. Cuando papi salió, lo primero que ella le dijo fue: «¡Devuélveme a mis hijos!». Nosotros estábamos llorando, escuchando todo, cuando ella le decía que no le podía quitar a sus hijos, pero no nos atrevíamos a salir.

Esa separación de sus hijos empeoró la salud mental de mami. Estaba desesperada. Al verse sola y sin la posibilidad de recuperarnos, decidió irse a Nueva York en busca de su familia y de su mamá, que los había abandonado a ella y a su hermano cuando eran bien pequeños. Creo que, ante tanto dolor, fue su forma de buscar algún tipo de sanación. Aunque no sé mucho de esa historia, porque tampoco era algo que se hablara, sé que mami y su hermano se criaron con su bisabuela y fueron maltratados por ella. De esto nos enteramos porque mami tenía una cicatriz en el cuerpo y nos contó que era de una vez que le dieron con un tubo y que también le quemaron las manos en la estufa por comerse unos dulces que no eran de ella. ¡Qué barbaridad! Finalmente, en ese viaje logró encontrar a su mamá, pero nunca desarrollaron una relación como tal. Mami siempre le escribía cartas, pero nunca recibía contestación.

Entre una cosa y la otra, no supimos de mami como por un año. Naturalmente, yo resentía que no estuviera presente; estaba triste y confundida. Un buen día, estaba en la escuela a la hora de recreo y oí una voz de mujer que me llamaba: «¡Pilarcitaaa!». Cuando miré, era mami metiendo la cabeza entre medio de las rejas del colegio. Corrí emocionada hasta donde ella; me dijo que había regresado por nosotros, que volvía para recuperar a sus hijos. Cuando llegué de la escuela ese día, bien contenta, les conté a mis abuelos que había visto a mami y no me creían, juraban que era un cuento que me había inventado.

Tan ingenua yo, lo primero que pensé fue que mami iba a regresar con papi y que todo iba a ser como antes. Me ilusioné con la idea de que seríamos de nuevo una familia «normal». Obviamente, las cosas no fueron como creía, pero algo bueno ocurrió: mami se buscó un abogado y logró que le permitieran tener la custodia compartida de sus hijos. Entonces podía buscarnos y estábamos un buen rato con ella. No nos quedábamos a dormir porque papi no nos dejaba. Gabriel y yo, que éramos los más pequeños y los más apegados a ella, siempre nos íbamos llorando. Yo vivía con el temor de que mami nos volviera a dejar y de sentir otra vez ese dolor en mi corazón.

En efecto, se fue muchas otras veces, pero siempre volvía por nosotros. Debido a sus problemas económicos, no pasaba mucho tiempo en un mismo sitio. Cambiaba de trabajos y se mudaba constantemente. Ni siquiera tenía carro. Aun así, llegó a tener hasta tres trabajos a la vez para tratar de conseguir un lugar donde pudiera recibirnos, ya que papi no nos dejaba visitarla, con la excusa de que no tenía un hogar estable. Mami le dijo una vez a mi hermana que su único sueño era tenernos a sus hijos de nuevo en su casita para cocinarnos y sentarnos en la mesa a comer juntos. Ese también era el sueño de nosotros.

Nos fuimos acostumbrando al estilo de vida de mami y a su manera de darnos amor siempre que fuera posible. Evidentemente, no éramos una familia tradicional, pero para mí seguíamos siendo una familia y eso era lo importante. Poco a poco, también fuimos cultivando una relación bonita entre nosotras. A medida que iba entendiendo la realidad de las cosas, sentía más compasión por mami y crecían mis deseos de hacerla feliz. Mis hermanos y yo hicimos todo lo posible por recuperar con ella el tiempo perdido, aunque siempre queda la sensación de que no fue suficiente. Pero por fin sentíamos que estábamos disfrutando de ese amor único que da una madre. Nosotras hablábamos por teléfono todo el tiempo, hasta su último minuto de vida... literalmente.

Los seres que más amo: papi y mamá.

Categoría 2:

# CONO DE INCERTIDUMBRE

Se supone que el embarazo es una etapa de alegría, de paz y mucho amor en la vida de cualquier mujer. Para mí, y sé que para muchas otras, esa imagen perfecta de la maternidad fue solo una fantasía. La cruda realidad es que cuando el anuncio de un nuevo bebé llega en medio de circunstancias que no son las ideales, o cuando al mismo tiempo ocurren sucesos desgraciados de forma inesperada, la experiencia se vuelve caótica. Ese fue mi caso. Cuando quedé encinta de mi hijo, Joe Joe, las circunstancias definitivamente no eran las mejores. De eso hablaré más adelante en detalle; ahora daré un salto en el tiempo para contarles lo que pasó con mami.

Tenía casi seis meses de embarazo cuando escuché su voz por última vez. Yo tenía 24 años y ella 44. Como dije antes, hablábamos casi todos los días, pero esta vez para mí no era una llamada rutinaria. Era un domingo, yo iba camino a la iglesia cuando la llamé con una petición urgente: «Mami, necesito que te vengas conmigo a Puerto Rico para cuando nazca el bebé». Esa llamada era más bien un grito de auxilio, porque la relación con el padre de mi hijo iba por mal camino. Estábamos dejados y me sentía sola, asustada y deprimida.

En esa época mami trabajaba en una empacadora de pollo en el estado de Virginia, de esas que ofrecían villas y castillos para atraer empleados, pero resultó ser un lugar con unas condiciones de trabajo horribles. Ella nos decía que le daba hasta asco el ambiente, pero estaba allí porque necesitaba el dinero. Me contestó la llamada durante su hora del *break* y me respondió inmediatamente que sí, que iba a viajar a Puerto Rico para acompañarme, que quería estar conmigo y ayudarme con el bebé. Recuerdo que me puse bien contenta, pues sus palabras me dieron el alivio que tanto necesitaba: «Pilarcita, ya estoy resolviendo mis cosas, estoy esperando un cheque, pero en una semana espero estar allá. Te amo», me dijo al despedirse.

¿Cómo iba a imaginar que esas serían sus últimas palabras..., que sería nuestra última conversación? Tan pronto enganchó conmigo, mami trató de cruzar la calle a pie para ir a una tiendita que había frente a la fábrica. Siempre decía que le tenía miedo a cruzar esa avenida, por eso buscaba a un compañero del trabajo para que la acompañara. Pero ese día, su *partner* del camino se había ausentado. Cruzó sola y, desgraciadamente, su temor se hizo realidad. Un conductor que venía a exceso de velocidad la atropelló. El impacto fue tan fuerte que mami murió en la ambulancia, camino al hospital, según me contó después Glori, quien fue la primera en recibir la trágica noticia, a través de una llamada telefónica. A mi hermana le costó trabajo entender y creer lo que había sucedido... Pensó que alguien le estaba haciendo una broma de mal gusto.

Estoy convencida de que mi conexión con mami era tan fuerte que en cuanto enganché el teléfono con ella empecé a sentir contracciones. Nadie se atrevía a decirme lo que había pasado, por miedo a que me afectara el embarazo. La mañana siguiente, todavía sin yo saber que mami ya no estaba con nosotros, mi mejor amiga me llevó al hospital porque no me sentía bien. Le avisaron al doctor para que estuviera preparado cuando llegáramos. Mi cuarto en el hospital se fue llenando de gente y yo no entendía lo que estaba pasando, hasta que entró el doctor y me dijo: «Tenemos que darte una noticia triste; tienes que ser fuerte». Creía que me iba a decir algo relacionado con mi salud o la del bebé, hasta que, finalmente, fue papi quien me informó sobre el accidente en el que mami había fallecido.

Me volví como loca. Me arranqué los cables que me tenían puestos para monitorear al bebé y empecé a gritar. No hacía más que gritar, preguntándome por qué mami me había dejado sola otra vez. No quería aceptar la realidad. Es que no era justo. Todavía viéndola ahí en el ataúd durante el funeral, no lograba asimilar lo que había sucedido. Le agarraba su manita, le acariciaba sus heridas, repitiéndole una y otra vez que no me dejara sola. Le rogaba que se levantara porque yo la necesitaba, porque mi hijo la necesitaba. Todos me decían que tenía que ser fuerte por el bebé, pero estaba en negación total. El dolor que sentía era insoportable y no había forma de consolarme. La ansiedad que llega con la incertidumbre me cubría de nuevo.

Entonces mami, nuevamente, buscó la forma de conectarse conmigo de una manera inesperada. Al

día siguiente del entierro fui al buzón de mi apartamento y me encontré con que había llegado una pos-
tal suya en la que me decía: «Pronto vamos a estar
juntas. Tómate las pastillitas para que el bebé esté
bien». Por una esquinita de la tarjeta hizo unos di-
bujitos del mar, porque le encantaba el mar, como
a mí. Ahí mismo me tiré al piso a llorar. Fue como
recibir un mensaje desde el más allá. Mami, quizás
sin saberlo, o con ese sexto sentido que tenemos las
madres, logró transmitirme tranquilidad, pues me
hizo saber que ella estaba bien y que desde el cielo
iba a seguir velando por nosotros. Ahí entendí, por
fin, que tenía que dejarla ir.

En cuanto al accidente, lamentablemente nunca
pudimos hacerle justicia a mami como ella se mere-
cía. Resultó que el conductor que la atropelló tenía
16 años y era hijo de un abogado prominente allá en
Virginia. Ni siquiera le hicieron la prueba de alcohol.
Nosotros no teníamos manera de costear una batalla legal fuera de Puerto Rico. Las desventajas eran
claras: la víctima, una mujer latina, con una familia
pobre que no hablaba bien el inglés y que tendría
que viajar para seguir con el caso; el culpable, un
joven residente en el estado, proveniente de una familia adinerada y con conexiones. No pudimos dar

la batalla por ella, no pudimos defenderla. Fue una situación bien injusta que sufrimos mis hermanos y yo, y que nos sigue doliendo hasta el día de hoy.

Otra vez nos arrebataron el amor de mami. Por eso recordarla todavía me afecta mucho. Los que vieron la cuarta temporada de *La casa de los famosos* saben que cuando me presentaron fotos de ella en el segmento «La curva de la vida», casi no podía hablar. Me puse tan mala de los nervios que me bajó la presión y pasamos tremendo susto por ese percance de salud. Esta vez no ha sido distinto. Lloré desconsoladamente mientras narraba nuestra historia para dejarla aquí plasmada. Quisiera poder hablar de ella algún día sin que se me apriete tanto el pecho. Espero que haberlo contado todo aquí me ayude en ese proceso y que ese vínculo tan fuerte que existe entre nosotras se siga manifestando hasta que nos volvamos a encontrar en la eternidad.

Mientras tanto, mami, quiero confirmarte en este escrito que te extraño todos los días de mi vida, que te amo y te amaré por siempre. Que te siento cerca de mí cada vez que estoy frente al mar, nuestro lugar favorito. Quiero que sepas que soy fuerte como tú, que no me rindo ante las tempestades y que me he encargado de velar por mi familia, como me lo pediste.

Que ser madre me hizo entender el dolor tan profundo que debiste haber sentido cuando te separaron de tus hijos y que me inspiraste a darlo todo por mi Joe Joe. Espero que te sientas orgullosa de la mujer en que se transformó tu nena chiquita, porque he tratado de que veas realizado cada uno de tus sueños a través de mí. Espero que te hayas dado cuenta de que el amor que nos diste en el poco tiempo que nos regaló la vida fue tan intenso que siempre te llevaremos en el corazón. Estamos bien, mami. Descansa en paz.

En una fiesta con los empleados del banco en donde
trabajaba mi papá.

Categoría 3:

# DAÑOS CATASTRÓFICOS

Con todo el sufrimiento que me causó la relación interrumpida que tuve con mami, la verdad es que en mi hogar nunca me sentí maltratada. Claro que hubo cierto maltrato psicológico por la mala relación entre mis padres, pero eso no lo entendí hasta que fui adulta. La mayor parte del tiempo, Pilarcita era una niña feliz. El crudo capítulo de maltrato físico y emocional durante parte de mi niñez, adolescencia y juventud comenzó cuando papi se fue a vivir con su segunda esposa, la madre de mis dos hermanos menores: Frances y Christian.

Es importante mencionar que esta fue la misma mujer con la que papi le fue infiel a mami. La misma mujer que al principio, mientras papi la estaba enamorando sin que nosotros nos diéramos cuenta, nos recibía con dulces y sonrisas cuando íbamos a la farmacia con él. La misma mujer que, cuando se casó con papi, dejó de ser una señora encantadora para convertirse en una madrastra malvada digna de un cuento de Disney. Yo tendría unos 9 añitos cuando comenzó esta historia de terror.

La hermana de mi madrastra vivía con nosotros y ambas aprovechaban para cometer sus abusos cuando papi no estaba en la casa. Su hermana era el verdadero demonio, porque la mayor parte de las veces era ella la que propiciaba los episodios de maltrato. Para colmo, la casa era tan pequeña que dormía con mi hermana y conmigo en el cuarto, y una de nosotras tenía que compartir la cama con ella o dormir en el piso. Por supuesto, nosotras preferíamos acostarnos en el piso. ¡Qué ironía! Después de que papi, supuestamente, nos protegió tanto de nuestra propia madre, terminamos viviendo en un entorno así, donde nos sometieron a los peores castigos imaginables.

Detallo algunas de las infamias. Si no nos comíamos lo que nos servían, nos echaban la comida por encima, nos pegaban con el cucharón de cocinar, nos arrodillaban en arroz crudo frente al inodoro, y nos daban unas pelas que nos dejaban marcas en el cuerpo. Pero, de todos los castigos, el peor era el siguiente. Cuando llegaba nuestro cumpleaños —un día que, se supone, debería ser feliz para todo niño—, mi madrastra y su hermana nos «celebraban» de una manera bien especial. Buscaban un balde y lo llenaban de cuanta porquería encontraban: orines, comida podrida, agua sucia, huevos, y ese mejunje apestoso nos lo echaban encima. Para ellas era como un chiste. Nosotros ni queríamos que llegara esa fecha. ¡Era algo horrible! Todavía lo pienso y me dan ganas de vomitar.

Una vez, todavía estando en la escuela elemental, tuve una pelea con mi madrasta por una estupidez: yo me quería poner una ropa y ella quería que me pusiera otra. El punto es que esa mujer se me tiró encima a darme como si quisiera matarme. No sé ni cómo me le solté, salí corriendo, brinqué la verja y me escondí en la casa de atrás. Mi familia estuvo buscándome todo el día. Este fue otro de esos momentos clave que definieron mi personalidad de leona, porque mi reacción no fue un acto de rebeldía, sino de valentía. Ese incidente llamó tanto la atención de los vecinos que se atrevieron a llamar a Servicios Sociales.

Lo más triste de esta historia es que, cuando los representantes de esa agencia gubernamental llegaron a la casa, papi nos obligó a negarlo todo. Pero, al menos, mi escapadita visibilizó el maltrato al que estábamos sometidos y logró que nuestras agresoras se asustaran y nos dejaran quietos por un largo tiempo.

Ya como a mis 16 años me levanté una noche por los gritos de mi hermano. Cuando salí del cuarto a ver qué pasaba, mi madrastra lo tenía agarrado por el cuello y lo golpeaba sin compasión. Mi hermana y yo nos tiramos encima de ella por la espalda para que lo soltara y le dijimos a mi hermano que se fuera corriendo hasta el cuartel de la policía. Ahí ya teníamos la valentía necesaria y decidimos acusarla ante la ley. Para nuestra sorpresa, papi nuevamente se fue a favor de ella y le pagó un abogado, porque ellos tenían ya dos hijos y él no quería que la fueran a meter presa. Entonces éramos nosotros tres contra ellos.

La convivencia en esa casa se convirtió en un verdadero infierno, pero no teníamos adónde ir, así que papi decidió mudarse temporeramente a casa de un amigo y nosotros nos quedamos allí como arrimaos, hasta que cada uno pudo buscar la forma de irse a hacer su vida de forma independiente.

A esto me refería al principio, cuando hablaba de tácticas de guerra para sobrevivir.

Temprano tuve que aprender a desarrollar mis armas de defensa, porque era necesario encarar al agresor o sacar la cara por mis hermanos, aunque eso me costara un castigo mayor. Esa experiencia también influyó en mi forma de reaccionar ante el maltrato, especialmente contra los niños. Es que no puedo soportar ver a alguien que esté pegándole o maltratando verbalmente a un menor. La leona me sale de inmediato, se me revuelca el estómago y me meto contra la persona que sea sin importar si la conozco o no. Yo he vivido esa situación; por eso sé que, donde veo abuso o injusticia, mi instinto es defender y proteger. ¡No podemos ser indiferentes ante la violencia, carajo!

El maltrato es un ciclo que hay que parar. En el caso de mi madrastra y su hermana, más tarde me enteré de que también fueron brutalmente maltratadas por sus padres, un patrón de conducta que ellas venían arrastrando. Muchos años después tuve la oportunidad de hablar de esto con mi madrastra. Me pidió perdón y pude concedérselo. Entonces, ¿quién lo iba a decir?, cuando nació Joe Joe, ella me ayudó cuidándolo en ocasiones. Y hasta el sol de hoy, mi hijo la ama. Creo que todo lo malo que nos hizo a mis hermanos y a mí, todo su arrepentimiento, lo transformó en amor y protección para mi hijo y para mi abuela, a quien también cuidó mientras sufría de cáncer. Con esta experiencia descubrí que el perdón es una energía que te renueva y te ayuda a avanzar.

También pude comprobar que todo el mundo se merece una segunda oportunidad, incluyendo papi. Con él nunca nos hemos sentado a hablar de ese triste pasado ni le hemos disparado reproches por lo que hizo o dejó de hacer. Tampoco ha habido un momento para pedir o conceder disculpas. La reconciliación con él se dio sin palabras tras la muerte de mami, quien siempre nos decía que lo teníamos que perdonar. Mami no era una mujer vengativa; por el contrario, era demasiado noble y, al fallecer, nos dio, una vez más, una gran lección.

La muerte te hace ver las cosas desde otra perspectiva. No queríamos perder a papi también. Superar el pasado y empezar de cero fue una manera de honrar la voluntad de mami. Mis hermanos y yo nos unimos más a él, dejando todo lo malo atrás, respetando su proceso y disfrutando que lo tenemos aquí ahora, vivo. Papi, por su parte, se esfuerza cada día por enmendar sus errores. Sé que vive con cargo de conciencia por el daño que nos hizo y por los sufrimientos que le causó a mami. Lo he visto solito, frente a su tumba, llorando de arrepentimiento porque no supo valorar al amor de su vida. Fue tarde para ella, pero no lo es para mis hermanos ni para mí. #TeamPerdón.

En mi época de modelo, luciendo segura, fuerte y feliz. Una etapa en la que aprendí a mirarme con orgullo y a reconocer mi poder.

Categoría 4:

# RÁFAGAS INTENSAS

Precisamente por no querer regresar al ambiente de maltrato que existía en la casa de mi madrastra, me apuntaba en cuanta cosa podía en la escuela. Fui parte del coro escolar, fui *cheerleader*, participaba siempre en todos los *talent shows*, corría en pista y campo, jugaba baloncesto y voleibol. ¡¿Qué no hacía yo?! Era bien competitiva y estaba en todo; «como el arroz blanco», me decía papi todo el tiempo. Fui parte del coro de la iglesia y cogía clases bíblicas por la tarde. También comencé a relacionarme con el mundo del modelaje y los certámenes de belleza, porque ahí fue donde vi una oportunidad real para ganar dinero y lograr independizarme y, lo más importante, salir de aquella casa para siempre.

Cuando entré a la universidad ya trabajaba y me compraba mis cositas, así que empecé a vestirme con pantalones cortitos, que mi papá decía que «parecían *panties*», pero yo lo enfrentaba y no tenía miedo de decirle las cosas como las sentía. Él me decía que no podía tener novio y yo le respondía: «Pues si no quieres que traiga novio, lo voy a tener a escondidas». No me dejaba salir; entonces me escapaba y luego lo llamaba para negociar mi regreso a la casa. Una vez estuve una semana en casa de mi amiga hasta que papi me aseguró que no me iba a castigar cuando regresara. Sí, era tremendita, pero no era malcriada con él, sino astuta, y al final lo convencía. Otro momento clave en la construcción de la identidad de Maripily. #SantaDiabla.

Comencé a estudiar una carrera en líneas aéreas y turismo en la Universidad Interamericana, en Ponce, pensando que iba a terminar como aeromoza, porque a mí me encantaban los aviones. Pero cuando estaba dando mis primeros pasos en la televisión y me mudé a San Juan, me cambié a la Universidad del Sagrado Corazón para estudiar Comunicaciones, pues ya estaba segura de que quería trabajar en algo relacionado con los medios. Solo me faltaba como un año y medio para terminar el bachillerato en Periodismo, cuando quedé embarazada. A eso se sumó la muerte de mi mamá, quien se suponía que me iba a ayudar con el bebé, así que me tuve que quitar. Ser una mamá soltera me cambió drásticamente los planes, porque en ese momento la prioridad era trabajar para mantener y cuidar a mi hijo.

Ya había hecho algunos trabajos como modelo para distintas agencias y participado en el certamen de belleza Miss Puerto Rico Petite. Ese no lo gané, pero en los concursos playeros de bikini siempre arrasaba con los premios. ¿Por qué sería? Fui la Chica Guapa de Wapa; también estuve en el programa de Raymond Arrieta un tiempo. Pero cuando definitivamente explotó mi carrera como modelo fue en 1997, cuando protagonicé el video musical del grupo puertorriqueño de merengue Grupo Manía. Fue con el tema «Me miras y te miro», que estuvo pegadísimo en la radio. Yo digo que los muchachos me pusieron en el mapa, porque ese video hizo que la producción de *No te duermas* se fijara en mí.

Del programa *No te duermas*, que transmitía Telemundo en horario estelar, comenzaron a llamarme para que formara parte del grupo de modelos que aparecía en el segmento de la playa en las ediciones de verano. Luego me pidieron hacer el segmento «El poder de la semana», que fue un palo. También para ese tiempo hice la popular sesión fotográfica de «El bombón de Así» del periódico *Primera Hora* y tuve mi primera de muchas portadas en la revista *Vea*, con lo que me di a conocer como Maripily dentro del mundo de la farándula.

De ahí vino el acercamiento del reconocido productor boricua Funky Joe para manejar mi carrera. De esta forma entré como modelo fija en *No te duermas* y firmé para ser la imagen de varias marcas comerciales, incluyendo la de una cerveza muy famosa en Puerto Rico. En ese momento todavía estaba viviendo en Ponce, así que iba a San Juan en pon que me daba alguna amiga, o la producción a veces me enviaba una limusina para llevarme al programa. Finalmente pude reunir el dinero para mudarme a un estudio en Isla Verde y seguir cumpliendo con todos los compromisos que tenía en el área metropolitana.

En términos generales, el equipo de *No te duermas* me recibió muy bien, aunque era evidente la tensión que existía entre la modelo principal del programa y yo, especialmente al inicio, cuando comenzó a mostrar un poco de resistencia por mi llegada.

Como era de esperarse, la gente hacía comparaciones entre nosotras, ya que nos parecíamos en algunos aspectos físicos, y eso echaba leña al fuego de la desconfianza entre nosotras. Sin embargo, creo que ese tipo de rivalidad en el medio televisivo era natural y hasta nos retaba a querer brillar más. Quizás en algún momento ella pensó que yo venía a ocupar su lugar o que la iban a sacar. Además, compartíamos el mismo manejador, y eso siempre produce celitos.

Pero la situación nunca llegó a mayores; no hubo peleas ni nada, más allá de un distanciamiento y de alguna que otra de esas miradas que, por fortuna, no matan. Esa competencia entre la veterana y la nueva la fuimos superando con el tiempo, o simplemente les dejamos de prestar atención a los comentarios malintencionados. Al final quedó claro que en la pantalla y en las revistas había suficiente espacio para estos dos mujerones. Con las otras modelos del programa siempre me llevé magníficamente bien, e incluso se desarrolló una bonita amistad.

De esa etapa como modelo profesional tengo mucho que agradecerle a Tony Sánchez, *el Gángster. No te duermas* era el programa número uno en la televisión en Puerto Rico, por el que pasaron todas las grandes estrellas y figuras más importantes del momento a nivel internacional. Una muestra de esto es que, estando yo en *La casa de los famosos 4*, llevaron como invitado al cantante mexicano Pablo Montero y él se acordó de que una vez fue a *No te duermas* y yo le recorté los pantalones porque estábamos con el tema del verano. Cómo iba a pensar yo que él se iba a acordar de eso. Pero así fue, la gente no se olvida del *show* que rompió tabús e hizo historia en la televisión puertorriqueña.

Era una época muy diferente. Se hacían chistes que hoy no se pueden decir, pero yo siempre me sentí cómoda con la producción de *No te duermas*. Estaba haciendo lo que me gustaba y era algo natural para mí ser una chica sexi. Nunca me sentí hostigada ni que me faltaran el respeto. Tampoco tuve una relación fuera de lo profesional con alguien de la producción, mucho menos con Tony, así que por mi culpa nunca durmió con el perro. Pero, sin que me quepa duda, lo más lindo e inolvidable de esa etapa de mi carrera fue que sentía que el público me quería y me respetaba, porque, antes, estar en la televisión significaba haber alcanzado el éxito. Te daba cierto estatus en la sociedad.

Obvio que los *haters* y el *bullying* ya existían, pero como que no se sentían tanto, o quizás no tenían el poder que cogieron con el auge de las redes sociales. Por lo menos, yo nunca antes me había sentido tan criticada, especialmente por mi físico, a partir de este fenómeno de la era digital. Entonces, después de ser una de las modelos estrella de *No te duermas*, me vi atrapada en la red de un mar de críticas sin piedad. En ese espacio donde no se sabe quién es realmente el interlocutor, se burlaban de mis cachetes, de mi nariz, me decían que parecía un mono, criticaban la forma de mis senos y hasta el tamaño de mi toto. Sí, eso mismo dije, ¡de mi toto!

Yo, que me creía muy segura de mí misma, especialmente de los atributos de este cuerpo que tanto m'he esmerao en fortalecer, comencé a darles validez a los hirientes comentarios que publicaban en las redes sociales, de los cuales empezaron a hacerse eco en ciertos programas de radio y de televisión. Los criticones cibernéticos, la mayoría escondidos tras una identidad falsa, escribían que Maripily parecía un macho, porque lo que tenía ahí abajo era «como un guante de boxeo», entre otro montón de barbaridades. Tanto escaló este asunto que llegué al punto de sentirme avergonzada de mis partes íntimas. ¿Quién lo iba a decir? El mujerón, dudando de las dotes que la naturaleza le dio.

Me pegaron tan fuerte esos comentarios que me crearon un complejo, o sea, me afectaron la autoestima. Consideré seriamente la idea de someterme a una cirugía estética para que «eso allí abajo» luciera menos abultado. ¡Gracias a Dios que papi me frenó! Fue él quien me ayudó a entrar en razón, a superar esa humillación que sentía, convenciéndome de que no tenía nada anormal ni de qué avergonzarme. Ahora sé que eso que me hicieron se conoce como *body shaming* y es una conducta repudiable e inaceptable. De todo se aprende.

Pero mientras más famosa me hacía, más aumentaba el *bullying* hacia mi persona, no solo en el aspecto físico. De «el toto tipo Hulk de Maripily», mis *haters* pasaron a mofarse de «la bruta de Maripily». Reconozco que tengo una forma peculiar de hablar y expresarme, que a mí misma me da gracia, pero eso no le da derecho a nadie de humillarme ni justifica la crueldad. De ahí se crearon personajes de comedia que siguieron fomentando y aplaudiendo la burla. Está bien claro que una cosa es una imitación jocosa de una figura pública, que las hay y me encantan, y otra cosa es denigrar sin escrúpulos a una persona con la excusa de hacer reír.

Confieso que lloré sola muchas veces. No entendía por qué ese ataque tan duro hacia mí, por qué no me quitaban el guante de la cara. Gente de los medios que me conocía y algunos que consideraba mis amigos también se unieron al «vacilón». A veces los confrontaba y por eso me enojé con mucha gente. Ellos se justificaban diciendo que era solo un relajo, pero ese «chistecito» me ofendía y me dolía. Fue necesario que buscara ayuda profesional para poder bregar con todo eso, para entender que siempre habrá gente que quiera bajarte la autoestima, especialmente cuando tienes éxito. Dicen que la burla es el lenguaje que utiliza el mediocre para sentirse superior a ti. Esa es la realidad. La fama trae muchas cosas lindas a tu vida, pero también incluye esa parte negativa que hay que aprender a manejar.

No hay que darles tanta importancia a los comentarios de la gente, especialmente de quienes viven criticando a los demás en las redes sociales sin ni siquiera conocerlos. Un bloqueo es suficiente para descartar a quien no aporta nada bueno. También aprendí que hay que pararle el caballito a la gente que se hace la pendeja pero tiene una agenda en contra tuya. Las cosas hay que llamarlas por su nombre, y al *bully* hay que sacarlo a la luz para que se abochorne de sus actos. En el fondo ellos saben que lo están haciendo mal, pero no dejan de fastidiar hasta que se les confronta públicamente, como me ha tocado hacer en varias ocasiones. En esa red de odio no caigo más. Ya no le doy poder a quien realmente no lo tiene, y me siento feliz aceptando que soy perfectamente imperfecta.

Si antes hubiera podido ver las cosas de esta manera, seguro que no habría derramado tantas lágrimas innecesarias. Una se va endureciendo en ese aspecto, pero no es fácil, porque todos tenemos sentimientos, y a veces es la reacción de la familia la que más te duele. Cuando tratan de hacerme daño a mí, se llevan de paso a todos los que verdaderamente me aman y se preocupan por mi bienestar. A mí las críticas destructivas ya me resbalan; por más que me quieran humillar diciéndome fea o bruta, sé que nadie puede quitarme las fuerzas para seguir luchando por lo que quiero, para seguir brillando y para seguir facturando. Igualito que todas las veces que los integrantes de *La casa de los famosos 4* confabulaban para tratar de sacarme de la competencia, ante mis *hater*s me río a carcajadas mientras les lanzo a toda boca un «¡Voto perdiiiiidoooo!».

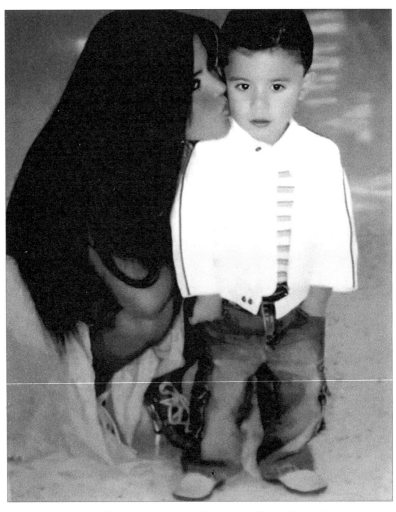

Con mi querido Joe Joe en los pasillos de Telemundo.

Categoría 5:

# AVISO DE HURACÁN

Mi primer (y único) embarazo no fue planificado. Bueno, no estaba en mis planes ni en los de su papá, porque teníamos una relación tóxica de la que les hablaré más adelante. No fue planificado, pero, que quede bien claro, desde que supe que esa semillita estaba sembrada dentro de mi vientre, mi hijo sí fue deseado por mí. También estaba en el plan de Papá Dios que mi niño adorado, José Antonio *Joe Joe* García Rivera, viniera a este mundo para ser mi faro y mi ancla.

Me he equivocado muchas veces, pero la mejor decisión que he tomado en esta vida fue la de tener a mi bebé, a pesar de las circunstancias a mi alrededor. El instinto maternal se despertó en mí tan pronto vi aquella prueba de embarazo positiva. Al mismo tiempo supe que mis prioridades en la vida habían cambiado. No estaba preparada para ser mamá, pero estaba decidida a serlo y a ejercer ese papel de la mejor manera posible, aunque fuera sola.

No tuve un embarazo normal en el aspecto emocional, por mi relación inestable y por la repentina partida de mami. No lo puedo certificar desde un punto de vista científico, pero en mi corazón sé que toda esa tristeza influyó para que comenzara a sentirme mal cuando apenas tenía 26 semanas de gestación. Se me hinchaban las piernas y me sentía rara; decidí ir a chequearme al hospital para estar segura de que todo andaba bien. Al hacerme el examen médico rutinario se dieron cuenta de que tenía preeclampsia, una complicación en el embarazo que sube los niveles de presión arterial. A todo esto, nadie en mi familia sabía que había ido al hospital, pero la información se coló y se enteraron por los medios de que yo estaba, prácticamente, entre la vida y la muerte.

Mi papá salió a toda prisa desde Ponce hasta el hospital en San Juan, donde el doctor le confirmó que tanto mi vida como la del bebé estaban en riesgo. Mi condición era grave y se me estaba afectando la vista, por lo que me tuvieron que hacer una cesárea de emergencia. Recuerdo como si fuera ahora que antes de quedarme dormida por la anestesia le pedí al médico que salvara a mi hijo. Él me respondió: «Los salvo a los dos». ¡Gracias a Dios, así fue! Desperté al escuchar el llanto del nene, que, al nacer prematuro, solo pesaba 1 libra con 4 onzas (567 gramos). Cabía en la palma de mi mano.

Las madres que han pasado por esto saben que salir del hospital sin el bebé en los brazos provoca una combinación de sentimientos: miedo, tristeza e incertidumbre. Solo la fe de que ocurrirá un milagro te da fortaleza. Yo estaba doblemente temerosa porque me decían que los varones son menos fuertes que las nenas en estos casos, por lo que tienen menos probabilidades de sobrevivir. Lo puse todo en las manos de Papá Dios y Él me concedió el milagro por el que vivo eternamente agradecida.

No fue hasta dos meses después de su nacimiento que me pude llevar a mi bendición a casa. Todo ese tiempo en el hospital estuvo en incubadora. Yo me sacaba la leche materna y se la daba en una jeringuilla por lo pequeñito que era. Le tuvieron que hacer como siete transfusiones de sangre, porque se ponía amarillo y hubo momentos en que, sinceramente, pensé que lo iba a perder. Pero hacía todo lo posible por mantenerme positiva, orando por él, hablándole, hasta le cantaba durante las visitas, que eran dos veces al día. Le susurraba al oído que lo estaba esperando en casa, que no me dejara sola, que no podía esperar para llevármelo y dormir juntitos. Despedirme de él por las noches era una tortura. Casi no podía dormir. A la media noche siempre llamaba a una enfermera del hospital para que me dijera si el nene estaba bien, si se había tomado la leche..., porque sentía que me necesitaba. A veces ella, que fue para mí como un ángel, le ponía el teléfono en el oído al bebé y yo le decía: «Joe Joe, mamá te ama».

Mientras el nene estaba en el hospital, vi casos de prematuros que no recibían la visita de sus papás. Según me explicaron las enfermeras, esto se debía a que algunos padres tenían miedo de encariñarse con el bebé y luego perderlo. En otras palabras, no querían pasar por ese sufrimiento. Respeto la manera que cada cual tiene de lidiar con la situación, pero eso me parecía increíble, porque para mí era todo lo contrario. Quería estar el mayor tiempo posible con mi hijo, que él me sintiera al lado suyo, como cuando estaba dentro de mí.

Como parte de los preparativos para llevarnos al nene a la casa, su papá y yo tuvimos que tomar clases de resucitación cardiopulmonar para saber qué hacer ante cualquier emergencia que pudiera surgir. Así estuvimos, haciendo arreglos en todo el ambiente de la casa para recibirlo, hasta la intensidad de las luces. Cuando llegó a pesar cuatro libras (un kilo 800 gramos) por fin nos lo pudimos llevar. ¡Ese fue el día más feliz de mi vida!

Desde que Joe Joe llegó a la casa me convertí en una mamá sobreprotectora, lo reconozco. Pero no me arrepiento de nada de lo que hice en ese rol. Mi hijo siempre andaba enganchao para arriba y para abajo conmigo, porque no me gustaba dejarlo con nadie. Era mi muñeco. Fue creciendo entre los pasillos de los canales de televisión y los estudios de fotografía. En broma digo que fue el primer *influencer*, porque desde que era un bebecito aparecía conmigo en las portadas de las revistas, me acompañaba en las alfombras rojas y era el rey adondequiera que llegara. Siempre ha tenido muchos tíos y tías postizas.

En medio de todo esto, yo todavía estaba procesando la reciente muerte de mami y vivía momentos de mucha tristeza. Eso hacía que me aferrara todavía más a Joe Joe. Su papá y yo estábamos intentando volver a estar juntos como pareja, pero él no sabía cómo bregar con tantas emociones que yo estaba pasando.

Volvió a las juntillas con sus amigos que lo halaban al jangueo. Sé que quería mucho a su hijo, pero también le encantaba la calle, así que el último intento de reconciliación tampoco funcionó. Acepté que lo de nosotros no iba para ningún lado. Me enfoqué en hacer todo lo posible para que el nene no sintiera ese vacío de su papá y, sobre todo, que no tuviera que vivir las duras experiencias que me tocaron a mí ante el divorcio de mis padres.

Siempre procuré que mi relación con Joe Joe fuera bien sincera y hablarle con la verdad, aunque fuera un niño, porque no quería ser una mamá embustera. Cuando nos mudamos a Miami encontré el espacio perfecto para que tuviéramos las conversaciones más difíciles y hermosas al mismo tiempo. Como el apartamento en el que vivíamos allá quedaba cerca de la iglesia, me iba con él a pie para ir a la misa los domingos, y en ese trayecto conversábamos de todo. Ese camino era como un confesionario antes de llegar a la iglesia. En una de esas pláticas, por ejemplo, le expliqué sobre el terrible accidente en el que perdimos a su abuela y también le respondí por qué su papá y yo no podíamos estar juntos. Le decía, a veces llorando, que aunque algunas cosas me hacían sentir triste, mi fe y mi amor por él me daban la fortaleza necesaria para seguir adelante.

Si me enorgullezco de algo es de que, a pesar de que al principio la relación entre Joe Joe y su padre fue bien inestable, nunca le hice daño a esa figura paternal. No me desquité con mi hijo por el fracaso de nuestra relación sentimental. Aunque su papá no estuviera todo el tiempo presente, mi hijo era loco con él, y yo sabía que fomentar esa unión entre ellos era importante. Jamás me pasó por la mente la idea de alejarlo de su papá. El tiempo me dio la razón. Joe Joe es mi mejor proyecto de vida.

Aunque no lo crean, el muchachito tiene mucho de mí en su personalidad. Ahí como se ve de tímido, tiene un carácter fuerte y es bien trabajador. También es muy humilde y caballeroso, y le gusta ayudar a los demás. Esa nobleza la heredó de su abuela, de quien siempre le hablé desde que era pequeñito. Lo cariñoso que es lo sacó de su papá. De todas sus buenas cualidades, la que más me sorprende es la madurez que siempre ha demostrado desde que era un chiquitín. Era mucho más maduro que algunos adultos que llegaron a cuestionar si mi trabajo como modelo era compatible con la maternidad o si debí publicar o no una foto besando a mi hijo con todo mi amor. Eso es pura maldad.

Joe Joe nunca me recriminó por mi carrera ni me reprochó nada que tuviera que ver con mi forma de vestir o con mi sensualidad. Nunca dio signos de sentir vergüenza de mí. Sí, siempre fue muy celoso conmigo, y en un momento dado no quería que me bajara con él en la escuela porque sus amiguitos le decían que yo era su novia. Claro, eso le molestaba. Pero fue una etapa normal y pasajera, que coincidió con el tiempo en que me casé y nos fuimos de Puerto Rico, así que eso dejó de ser un problema, porque allá no sabían quién yo era.

Todo el que lo conoce dice que mi hijo siempre habla lindo de mí, se muestra orgulloso de que me cuido mucho y de que a mi edad tengo tremendo cuerpazo. Hasta me ha regalado ropa sexi que ve en una tienda: dice «Eso se parece a mami» y me lo compra. También se ha convertido en mi gran consejero, porque además es la persona que mejor conoce lo que hay en mi corazón, donde no existe el rencor. «Mi mamá puede pelear con una persona un día y decirle mueble, pero al otro día le da un beso y un abrazo, y hasta le hace el café», dijo durante una entrevista después de sorprenderme con su vista en *La casa de los famosos,* donde, por lo mismo, también me gané el apodo de Mamipily. Allí todos lo conocieron y quedaron encantados, pues vieron a ese joven caballero que me da paz y por el que daría la vida sin pensarlo. Y fue precisamente él quien aquel día me dio el impulso que necesitaba para seguir luchando por el triunfo en el *show*.

Irónicamente, aunque me considere una supermamá, esa historia parece que no vendía muchas revistas ni periódicos. Los titulares más llamativos que se han publicado sobre mí no hablan de mis buenas ejecutorias en la crianza de Joe Joe como madre soltera, sino de mis «escándalos» amorosos. Esa publicidad extrema, la mayor parte de las veces no la he buscado yo, aunque muchos quieran pensarlo de esa manera. No creo que a nadie le guste ventilar sus fracasos amorosos en las letras mayúsculas de una portada. Simplemente, exponer mis intimidades les dejaba buenos *ratings* a los medios de entretenimiento. Y después están los que dicen que a nadie le importa. Sí, ujum. Como sé que les gusta tanto saber de mis romances, pues ese es el próximo tema. «Pa que se jalten», como dice mi amiguita Sonya.

Joe Joe, mi niño adorado, mi faro y mi ancla.

Categoría 6:

# MAREJADA CICLÓNICA

Una reconocida astróloga que publicó mi carta astral en uno de los principales periódicos de Puerto Rico llegó a la conclusión de que en otra vida fui mala con los hombres y que en esta las estaba pagando. «Ella tiene un karma de una vida pasada. En otra vida, Maripily hacía sufrir a los hombres por amor. Tiene a Saturno en Leo, y esto le trae de vuelta esa vida. A la vez, le hace un trino en Géminis; eso significa que está recibiendo de golpe todas las cosas que hizo en esa vida pasada y las está purgando», afirmó, y añadió que sería muy exitosa en los negocios, pero estaría condenada a sufrir en el amor.

Como van las cosas hasta ahora, y a falta de una mejor teoría, estoy empezando a creer que es verdad eso de que me ha tocado pagar mis pecados a través de mis relaciones amorosas.

De cualquier manera, en este recuento de mi purgatorio terrenal no revelaré la cantidad de hombres que han tenido acceso a mi corazón. Primero, porque eso no es asunto de nadie, y segundo, porque me vale lo que piensen los que andan contando cuánta gente ha pasado por mi cama. Lo que haré es hablarles de esas relaciones que impactaron mi vida y la percepción del público sobre mí. O sea, espero aclarar ciertos rumores que siguen corriendo por ahí y que están basados en información falsa.

Tampoco mencionaré los nombres de esos hombres que, para bien o para mal, fueron parte de mi historia, porque ya ustedes saben quiénes son. De no saberlo, pues muy fácil: guguléenlo. Si algo tengo claro es que ninguno de ellos define quién soy. La protagonista de este libro soy yo y punto. Solo haré una excepción con el padre de mi hijo, porque él sigue siendo parte de mi familia. Comencemos desde el principio, allá cuando todavía estaba en la Escuela Superior Doctor Pila, en Ponce.

Mi primer novio fue un hombre mayor que yo. Me llevaba como ocho años. Por supuesto, mi papá no lo quería aceptar, así que nos veíamos en la hora de almuerzo o cuando salía de la escuela, que él me daba pon hasta mi casa. Pero después de un tiempito, papi permitió, con las muelas de atrás, que el chico me visitara en la casa en los horarios establecidos por él, y si salíamos, siempre tenía que ir uno de mis hermanos como chaperón. Pero ese noviazgo duró menos de un año, porque papi nos hacía la vida de cuadritos. Tanto estuvo tratando de romper ese noviazgo que un buen día lo sorprendió en un lugar que no me había dicho y me llevó hasta allí para que viera que el muchacho me había mentido. Así que, por embustero, terminé dejando a mi *puppy love*.

Mi primer amor verdadero fue un doctor. En las revistas lo llamaban el Galeno de Maripily. Ya yo estaba teniendo mis apariciones en *No te duermas*, pero nos conocimos en el salón de belleza de la tienda por departamentos en la que todavía trabajaba en Ponce, donde él se recortaba. Un día vio uno de mis calendarios que tenía mi estilista en el tocador del salón y le empezó a preguntar por mí. Después comenzó a enviarme flores a la oficina de mi manejador artístico, tratando de enamorarme, pero yo lo ignoraba, hasta que, ante tanta insistencia, y un paquetón de flores después, le acepté una invitación a cenar.

Cuando empezamos a conocernos me dijo que estaba separado de su esposa. Le creí. Seguimos saliendo y me fui enamorando. Él vivía en Ponce, pero tenía un apartamento en San Juan, donde nos veíamos, y comenzamos una relación que yo creía seria, hasta que un programa de chismes sacó la noticia de que el médico era casado. Andábamos juntos en un viaje por Santo Domingo cuando explotó el escándalo y tuvimos que regresar por separado para evitar el revolú mediático que se formó.

El hombre me juraba y perjuraba que se iba a divorciar, pero el divorcio no salía. Mientras tanto, me pedía que me quitara de mi carrera en el modelaje, que me fuera de *No te duermas* y que dejara mis contratos con las marcas que representaba. Me di cuenta de que, siendo yo tan joven, ese hombre no me iba a dejar realizarme como quería, y a mí me faltaba mucho por vivir. A pesar de que estaba profundamente enamorada, me cansé de esperar que las cosas cambiaran y decidí terminar con él. Así que el doctor fue mi primer amor y también fue el primero en romperme el corazón.

Pasaron más o menos ocho meses y conocí a José Antonio *Joey* García. Me lo presentó un fotógrafo que me iba a hacer una sesión de fotos para mi

participación en el concurso Miss Petite y se le ocurrió que la hiciéramos en un camión. Joey tenía negocio de camiones y fue él quien nos prestó uno de
sus vehículos para hacer las fotos. De ahí empezamos a salir, a conocernos; nos fuimos enamorando
hasta que nos hicimos novios. Luego me presentó
a sus papás y entonces la cosa se puso más seria. Al
menos para mí. Hasta ese momento llevábamos una
relación muy buena. Pero... siempre hay un *pero*.

Joey era lo que se dice un jodedor. Se la pasaba
jangueando en La Placita, pariseando en botes con
sus amigos y lo peor, andaba de lo más feliz con otras
mujeres, como si estuviera soltero. El problema era
que, como a mí todo el mundo me conoce, siempre
me enteraba de todo, porque me enviaban hasta fotos de los jangueítos. Como era de esperarse, mi con-
fianza en él se iba acabando. Ambos éramos jóvenes
e inmaduros. Fue una relación muy tóxica, y en ese
círculo vicioso sufrí mucho. Lo dejé veinte veces y
después lo perdonaba. Y en una de esas tantas recon-
ciliaciones quedé embarazada de Joe Joe.

La primera en enterarse de la noticia fue mi suegra. Le comenté que no me había llegado la regla y
me recomendó que me hiciera una prueba de embarazo casera. En mi cuerpo ya sentía los cambios (por

ejemplo, estaba más nalgona que nunca), así que la prueba lo que hizo fue confirmar mis sospechas. Mi suegra estaba feliz porque iba a ser abuela, pero yo estaba bien pasmada, porque no sabía cómo Joey iba a reaccionar a la «sorpresita». Estaba clara de que ser padres no estaba en los planes de ninguno de los dos. En mi caso, estaba en medio de la promoción de mi calendario y tenía otros compromisos de trabajo con contratos firmados que inevitablemente se iban a afectar.

En fin, esperamos que Joey llegara a la casa y le di la gran noticia frente a su mamá. Le enseñé la prueba, entre emoción y susto, y le dije que íbamos a tener un bebé. Su primera reacción fue decirme que él no estaba preparado para ser papá. Tremenda decepción. Esa respuesta fue tan humillante y dolorosa como si me hubieran dado una cachetada. Reaccioné instantáneamente, diciéndole que iba a tener a mi bebé sola y dejándole bien claro que no nos teníamos que casar. Después de eso me fui corriendo al cuarto a llorar. Por supuesto, tenía la esperanza de que su reacción fuera diferente, como en las películas románticas. Sentía una mezcla de sentimientos; estaba asustada, pero segura de que quería ser mamá. Al menos sabía que si Joey no respondía, su familia me iba a apoyar. Y así fue.

Lejos de unirnos como pareja, el embarazo nos separó cada vez más. Joey no estaba dispuesto a cambiar su estilo de vida y continuó con sus infidelidades. Me cansé de llorar, más que todo por la salud de mi bebé, y me atreví a dejarlo de una vez por todas. Asumí que me iba a tocar ser una madre soltera. Estuve un tiempo sin verlo, hasta el velorio de mami, en el que estuvo presente.

Entre el trauma por la trágica muerte de mami y la mala comunicación que tenía con Joey, estaba pasando por una depresión que no supe detectar. Tampoco estaba bien a nivel económico, porque ya no podía trabajar tanto como antes. El dinero me daba solamente para pagar el apartamento y el carro, pero era tan orgullosa que no le quería pedir a nadie, mucho menos al padre de mi hijo, porque no quería deberle nada. No me alimentaba bien: lo que comía eran galletas y uvas con agua. O sea que ese orgullo bobo no me ayudó en nada. No le recomiendo a ninguna mujer actuar de esa manera, relevando al padre de su responsabilidad. Esa fue mi realidad, pero me arrepiento de haber asumido esa actitud, que únicamente nos hizo daño a mí y a mi bebé, pues, como ya les conté, mi embarazo llegó a su término antes de tiempo. Estoy segura de que mi estado emocional influyó bastante en ese resultado.

Por cierto, Joey apareció de nuevo en el hospital cuando me hicieron la cesárea de emergencia. No lo quería ni ver, pero acepté que entrara al cuarto para que conociera a su hijo, que hasta ese momento pensaba nombrar Christian Andrés. Joey me rogó que lo llamara José Antonio, como él y su papá, y yo accedí. Lo vi ilusionado con el nene, y a pesar de todo el daño que me había hecho, me dio pena. Pensé que, al ver al bebé, había recapacitado. De hecho, se mantuvo visitándolo en el hospital y celebramos juntos el *baby shower*, mientras Joe Joe seguía en incubadora. De verdad sentía que iba a cambiar.

Negativo. Después de que Joe Joe cumplió el añito, Joey se volvió a alejar. Pasaban meses sin que fuera a visitarlo. A veces pienso que lo hacía para castigarme a mí. Tuve que aprender a continuar mi vida con un bebé: andaba con él para arriba y para abajo, mientras seguía trabajando. Donde yo estuviera, ahí estaba Joe Joe, y creo que por eso nuestra relación, aparte de madre e hijo, es como de mejores amigos. Siempre tuve la fe de que su papá iba a recapacitar, aunque fuera a un paso más lento del que hubiera querido.

Poco a poco Joey aprendió a ser un padre presente. A pesar de todo, ha sido una figura constante en nuestras vidas y ha dado la cara en momentos difíciles, incluso para defenderme ante alguna injusticia. La relación entre ellos mejoró tanto que, al cumplir 17 años, Joe Joe decidió irse a vivir con su papá. Esa separación me dolió muchísimo, pero entendía —por experiencia propia— su necesidad de recuperar el tiempo perdido con su papá. Respetando nuestros espacios y reconociendo nuestros errores, hoy, gracias a Dios, podemos decir que somos una familia funcional. Nuestra historia como pareja no pudo ser, pero tuvimos un final feliz como padres. Muy diferente a los «finales» que vendrían después como parte de mi purgatorio amoroso.

Papi y yo visitando a Joe Joe en Orlando,
en donde estudió.

Categoría 7:

# EN EL OJO DEL HURACÁN

El 7 noviembre de 2007 le pegaron fuego a mi *boutique* en Guaynabo, Puerto Rico. Para entonces yo vivía como a tres o cuatro minutos de la tienda. Era de madrugada cuando la policía me llamó, y recuerdo que salí corriendo con el nene en brazos para encontrarme con aquel desastre. La primera persona que llegó hasta allí para darme apoyo fue la periodista Milly Cangiano, a quien considero parte de mi familia porque, aunque a veces tengamos desacuerdos, siempre ha estado presente, conmigo y con mi hijo, en los buenos y en los malos momentos. Ese fue un momento bien doloroso, porque vi cómo se derrumbaba mi sueño frente a mí. También el sueño de mami, de cierta manera, porque ella siempre quiso verme triunfar en mis metas, y si pude montar la tienda inicialmente fue porque en eso invertí el dinero que me tocó de su seguro de vida.

El local fue pérdida total. El valor de los daños ascendió a unos 195 000 dólares. Tras la investigación, las autoridades concluyeron que hubo mano criminal. Según se estableció, el incendio fue provocado por una sustancia inflamable utilizada de forma maliciosa. No se encontraron las pruebas necesarias para procesar al o a los culpables, pero yo me enteré de que se trató de una venganza de una empleada a la que había despedido cuando descubrí que me estaba robando. Me llegó información anónima de que le había pagado a un tipo para que rompiera los cristales y le echara el combustible que hizo que se quemara todo. Nunca entendí por qué tanto odio, pero eso me dio impulso para levantarme con más fuerzas, y gracias a mucha gente que me ayudó, en un mes ya había reconstruido la *boutique*, que quedó más linda y más grande. Como el ave fénix, resurgí de las cenizas.

En medio de toda esa angustia por el incendio, y mientras trataba de recuperarme de los daños, se hizo pública mi relación con un reconocido banquero, que hasta el momento había mantenido privada. A él lo conocí en una fiesta, donde se me presentó, y luego empezamos a salir. No llevábamos mucho tiempo juntos, estábamos todavía en esa chulería de los primeros meses, cuando sucedió lo del fuego en la *boutique*. Él fue una de las personas que me ayudaron en ese proceso de reconstruir la tienda; me aconsejó en muchos detalles, por ejemplo, en la instalación del sistema de luces. Menciono este dato específicamente porque sucedió algo bien curioso que en su momento no entendí, pero más tarde me hizo mucho sentido.

Un día el banquero me dijo: «Quiero que sepas que, si en algún momento a mí me pasara algo, voy a estar presente en una de esas luces, cuidándote». A mí me pareció algo gracioso, una cursilería; de verdad que lo cogí como un chiste. Nada más lejos de la realidad. Una semana después de que me dijera ese comentario, este hombre tomó la terrible decisión de terminar con su vida.

Eso me tomó totalmente por sorpresa, porque teníamos planes para irnos a pasar un fin de semana a Isabela en esa fecha. Eran unas vacaciones que él mismo había planificado. Yo sabía que estaba pasando por una situación personal difícil y que había unos problemas financieros por bajas en la banca, pero nada que me diera una señal de algo tan grave. Entre nosotros iba todo normal, nos dábamos apoyo mutuamente.

Recuerdo que la noche antes de la tragedia, él quería quedarse en mi casa. Le dije que no, porque tenía que levantarme bien temprano en la mañana para cumplir con un compromiso en la radio. Eso siempre se me quedó en la mente... Si se hubiera quedado en casa, quizás no hubiera pasado lo que pasó. Pero, por otro lado, he pensado que si ya él tenía esa idea metida en la cabeza, a lo mejor me podía haber matado a mí esa noche. Es complicado entender lo que realmente pasaba por su cabeza en ese momento.

Me enteré de su muerte aquella mañana, precisamente saliendo de la emisora radial. De primera intención, su asistente me dijo que el banquero había tenido un accidente. Supuse que había sido un choque en el carro, pero no entendí que estaba muerto. Cuando me explicaron los detalles, se me iba a salir el corazón, no lo podía creer, quedé en *shock*. Este hombre se había portado como todo un caballero conmigo; le estaba cogiendo mucho amor y mi nene se llevaba muy bien con él. Sinceramente, fue una de las mejores personas que hayan pasado por mi vida. Nunca pude entender por qué tomó esa fatal decisión. Esa noche tuve que llamar a mi mejor amigo para que me acompañara, porque cuando me acosté en la cama sentí que él estaba al lado mío. Me dio un miedo horrible; es una experiencia que no le deseo a nadie.

Por si la angustia por la que estaba pasando fuera poco, surgió un nuevo escándalo. Una reconocida modelo de la televisión en Puerto Rico salió a los medios a decir que ella también tenía una relación amorosa con el banquero. A mi entender, era solamente un chisme, porque yo sabía que ellos ya se habían dejado, pero ya él no estaba para defenderse y se llevó la verdad a la tumba. En su arranque, la modelo hasta me culpó por lo que había pasado. Por supuesto que le respondí de todo, porque me sentía ofendida por sus acusaciones sin fundamento. Nos encontramos casualmente unos cuantos años después, cuando ya ella estaba casada y tenía una nueva vida. Se acercó a mí para pedirme disculpas, le dije que ya ni me acordaba de lo que había sucedido, nos abrazamos y pasamos la página.

Tras lo doloroso de aquella experiencia con el banquero, pensé que ya no podía pasarme nada peor. ¡Qué equivocada estaba! De las relaciones sentimentales que me han tocado vivir, la que tuve con el pelotero famoso fue, por mucho, la más devastadora.

Lo que al principio parecía un hermoso cuento de hadas, en el que yo era la princesa y él mi príncipe azul, terminó siendo una pesadilla de grandes ligas. Todo empezó con una buena amistad, lo que, según los expertos, es un buen signo al inicio de una relación. Está visto que no siempre funciona de esa manera.

Nos conocimos en Nueva York, adonde yo viajaba con frecuencia a comprar mercancía para mi *boutique*. Un día llegué al hotel en el que me estaba hospedando y el pelotero me había dejado unos boletos para que fuera a uno de sus juegos de béisbol. Aunque no lo conocía personalmente, sabía que él estaba saliendo con alguien, así que hasta ese momento entendía que no había ningún interés romántico de su parte. Fui al juego, la pasé de *show* y ahí comenzó nuestra amistad. Hablábamos de vez en cuando por teléfono, nos poníamos al día con nuestras vidas, pero luego nos desconectamos.

Por un tiempo no supe más de él, hasta que un día llegó hasta mi *boutique* en Puerto Rico. Yo estaba arreglando la vitrina y me sorprendí al verlo, porque era tan famoso que no pensé que llegaría hasta allí así, sin avisar. Ese mismo día me invitó a cenar y, para mi sorpresa, cerraron el restaurante para que estuviéramos nosotros solos en el lugar. Esa fue oficialmente nuestra primera cita romántica. Tan pronto salimos del restaurante, afuera ya estaban los *paparazzi* y ahí todo el mundo se enteró de que estábamos juntos.

El pelotero me trataba muy bien, todo era bien bonito; sólo notaba que era un poco celoso conmigo. Dentro del enchule, eso se confunde con amor y una no se da cuenta de que en realidad es una banderita roja. Así siguió el noviazgo. Él se regresó a vivir a Puerto Rico, pero no le gustaba mi trabajo en un programa de televisión del animador Héctor Marcano. Le molestaba hasta que alguien me echara el brazo frente a la cámara. Llegó a pedirme que renunciara y le dije que no, porque necesitaba trabajar. Fue en ese preciso momento cuando me pidió que me casara con él. Se comprometió conmigo para que yo me sintiera segura de que la relación era seria y que no tenía nada por lo que preocuparme.

Yo, que soñaba con tener una familia estable, viendo lo bien que él y Joe Joe se llevaban, no tenía nada que pensar. Rápido me pidió que nos mudáramos a vivir a Tampa, Florida, y renuncié a todo por él. Solo dejé mi *boutique* corriendo en Puerto Rico. A las dos semanas de habernos mudado decidimos casarnos. El 1º de junio de 2009 nos levantamos bien tempranito con Joe Joe, buscamos los papeles y nos casamos por lo civil, con un amigo suyo como testigo. Fue algo bien privado, casual, sencillo. Mi hijo estaba vestido igual que él; fue un algo especial. Se sentía real. El plan era casarnos después por la Iglesia católica, como yo siempre había soñado.

Como cualquier mujer, me casé llena de ilusión, porque lo amaba, porque era bueno con mi hijo y llevábamos una vida muy linda. Era la familia perfecta que tanto deseaba. Teníamos en Tampa una casa hermosa, grandísima, que los dos decoramos a nuestro gusto. Bueno, todo era color de rosa. Pero había otra banderita roja, y es que él trataba de alejarme de mi familia y de mis amistades. Me decía que me buscaban por interés, que me tenían envidia. Me celaba hasta de mis amigos gays y no le gustaba que me vistiera muy sexi, especialmente cuando nos visitaban sus amigos en la casa. Era bien posesivo. Claramente era la conducta clásica de un machista, pero yo lo veía como parte del enamoramiento. Hice todos los cambios necesarios para complacerlo. El año que estuvimos casados me separé mucho de mi familia. Estaba segura de que ese matrimonio iba a ser para toda la vida.

Todo cambió una tarde que el pelotero salió a correr bicicleta con mi hijo mientras yo me quedaba en la casa recogiendo y limpiando el cuarto. Estaba pasando la aspiradora por el área del clóset, donde él tenía guardado un bulto que siempre estaba cerrado con seguro, en el que, según me había dicho, tenía documentos importantes y dinero. Pasando la aspiradora moví sin querer el bulto, que se le había quedado abierto, y unas pastillas cayeron al piso. Me puse a recogerlas y noté que había un estuche con más pastillas sin ninguna etiqueta. Eso me pareció raro, así que les tomé unas fotos a las pastillas y se las envié a mi madrastra, que era farmacéutica, a ver si sabía para qué se usaban.

Ella tardó como diez minutos en llamarme y rápido noté que su tono de voz era diferente al usual. Sonaba asustada, bien preocupada. Me dijo: «No sé cómo tú vas a manejar esta información, pero esas pastillas son para el tratamiento del VIH, el virus de la inmunodeficiencia humana». A mí se me cayó el mundo encima. Pensé en tantas cosas a la vez  Que el pelotero me había engañado descaradamente, que quizá me había contagiado con el virus, que puse a mi hijo en riesgo, que él me había utilizado para tapar su enfermedad. Mil cosas pasaron por mi mente, todas negativas.

Cuando llegaron a la casa después de correr bicicleta, yo estaba desfigurada. Le dije al pelotero que llevara al nene al cuarto a ver televisión, porque él y yo teníamos que tener una conversación seria. Mis primeras palabras hacia él fueron: «¿Hay algo que tú me tienes que decir que yo no sé?». Él me preguntaba qué era lo que me pasaba y yo volvía con el mismo cuestionamiento: «¿Hay algo que tú me tienes que decir que yo no sé?». Ahí él se puso bien nervioso, pero no me decía nada, hasta que di un puñetazo en el tocador y le pregunté de nuevo: «Que si ¿hay algo que tú me has ocultado a mí?».

Por ahí seguí reclamándole: «Mira que yo me he cuidado tanto; mi hijo no me tiene más que a mí». Estaba nerviosa, furiosa, llorando, gritando... estaba destruida. Cuando le enseñé las pastillas, el hombre empezó a llorar y a darme explicaciones. Pero decía muchas cosas que no cuadraban, como incoherencias. En un momento le echó la culpa a una novia de él y después cambiaba a otra historia. En fin, admitió que era portador del virus, pero me aseguró que no lo transmitía y que por eso no me había dicho nada. Yo insistía en que cómo él sabía que no me había contagiado y le exigí que, tan pronto como la mañana siguiente, fuéramos a ver a su doctor para que me explicara la magnitud de su enfermedad y la posibilidad de que yo estuviera contagiada.

Hasta ese momento era muy poco lo que yo sabía sobre el VIH y estaba histérica con lo que acababa de descubrir. Esa noche fue horrible, no dormí nada. Entonces vino un pensamiento bien oscuro a mi mente.

Se me metió en la cabeza la idea de montarme en el carro y tirarme por el primer risco que encontrara. Caminé hasta el cuarto de Joe Joe para despedirme de él, le di un beso y llamé a mi asistente para decirle que me iba a quitar la vida. Ella me decía que pensara en mi hijo, pero yo estaba como zombi, no hacía caso a lo que me decía y enganché el teléfono. De pronto me puse a mirar a Joe Joe y escuché la voz de mi mamá diciéndome: «Tú no quieres que Joe Joe sienta lo mismo que tú sentiste cuando yo me fui». Ahí fue que reaccioné, entré en conciencia de lo que me estaba pasando y le pedí perdón a Papá Dios por mi debilidad. Había tocado fondo.

Al otro día fuimos al especialista que atendía al pelotero, según yo le había pedido. El médico me explicó que era cierto que no me podía transmitir el virus. Eso me dio un poco de calma, aunque ya sabía que lo nuestro se había acabado, porque lo que él me hizo, para mí fue un acto criminal. De todas maneras hice un último intento por tratar de salvar nuestra relación. Me puse a buscar más información sobre el VIH y hasta me volví vegetariana para tratar de ayudarlo a fortalecer su sistema mediante una buena alimentación. Pero aquel matrimonio ya no existía, así que envié a Joe Joe para Puerto Rico con su papá, porque me imaginaba que lo que venía no iba a ser fácil.

De la familia del pelotero, la única que sabía que él era portador del vih era su mamá, y también era ella la que le escondía todo. Fue ella quien me declaró la guerra cuando explotó el escándalo en la prensa. Me enteré de que la doña hasta brujería me hizo. Mi teoría es que él quería cumplir el sueño de sus padres de casarse y darles nietos. Después de todo, con otra mujer, se le dio. La pregunta es si eso lo hizo feliz. Ojalá que sí.

Dentro de esa tormenta, me enteré de que el pelotero estaba tranzando dos demandas con otras mujeres que lo habían acusado de ocultarles que era portador del vih. Para añadirle más leña al fuego, también tuvimos que lidiar con la demanda que nos hizo una merenguera por alegada difamación. Sobre eso, al mirar atrás, reconozco que reaccioné y dije cosas muy fuertes para defender a la persona que yo amaba, pero yo no tenía ni tengo nada en contra de la merenguera. No siento rencor ni malos sentimientos, porque si vamos a ver, ella también fue una víctima más del tipo. Al final, el pleito legal se desestimó.

Nuestra situación como pareja se hizo insostenible un día que lo encontré hablando sobre mí con un amigo en nuestra casa. El amigo le aconsejaba que me pusiera la demanda de divorcio antes de que yo la pusiera contra él, para poder controlarme y para que no hablara. Salí a confrontarlos y el pelotero se puso rabioso. Se me pegaba al pecho y me empujaba; estaba a punto de agredirme. Fue tan fuerte que el amigo se lo llevó de la casa para evitar una desgracia y yo le puse una orden de protección para que no volviera a entrar. Y hasta ahí llegamos. El divorcio era inminente.

Sin saber qué hacer para defenderme del poderoso pelotero, se me ocurrió llamar a un famoso titiritero y productor de un programa de chismes para que me ayudara a buscar un abogado en Tampa. ¿Por qué a él? Porque vivía en el estado de Florida y pensé que tendría algún contacto. Yo necesitaba ayuda rápido, estaba desesperada y no quería involucrar a mi familia en el problema. Y, en efecto, el titiritero me recomendó al que fue mi abogado durante el proceso de divorcio. Sé que algunos pensarán que esta persona me ha hecho daño como figura pública, pero esa vez me ayudó y se lo agradezco. Por otra parte, tengo que reconocer que la mayor parte de las veces que se publican chismes sobre mí es porque la gente me retrata o me toma videos y se los envía al programa. Desgraciadamente, hay mucha gente a la que el chisme le entretiene. A esos les digo: ustedes son parte del problema.

Traté de que el divorcio saliera lo más rápido posible, pues lo que quería era regresar a Puerto Rico para estar con mi hijo. Esa fue la razón por la que renuncié a muchas de las cosas a las que tenía derecho. Aunque nos casamos con capitulaciones, estas no eran válidas, porque se hicieron en inglés, que no es mi idioma principal. Pude haberme aprovechado de ese tecnicismo para exigir muchísimo más, pero pedí únicamente lo que me correspondía por la mitad de la casa en la que vivíamos, que estaba valorada en tres millones de dólares.

Ese fue el acuerdo final, no sin que antes el pelotero me amenazara con dejarme sin nada. Como ya tenía mis negocios corriendo antes de casarnos, él alegaba que yo no necesitaba el dinero. A pesar de eso, la percepción de mucha gente es que me hice millonaria gracias a lo que «me dio» mi exmarido. Nada que ver. Están bien equivocados. Los negocios que he tenido en mi vida se los debo a mi madre, que, por su seguro de vida, nos dejó una herencia al fallecer. Pero, claro, no importa cuál sea la realidad, siempre será más fácil creerle al *Hall of Famer* que a la modelo sexi y seguir repitiendo una falsedad. ¡Hay que joderse!

Lo que verdaderamente me dejó el pelotero fue una gran mentira que aún me lastima. Tras nuestro divorcio se regó el rumor de que yo tenía VIH, y todavía hay gente que lo cree. En algunas ocasiones he tenido que hacerme una prueba médica para validar que estoy saludable. Es humillante tener que seguir pasando por esto, no por el hecho de que piensen que tengo la enfermedad, sino por el desprecio con que te tratan algunas personas cuando creen que eres portadora de VIH. Para mí, la forma de transformar toda esta experiencia en algo constructivo ha sido educarme más sobre ese tema para ayudar a combatir el desconocimiento y darles apoyo a quienes realmente lo padecen, para que dejen de ser estigmatizados.

Finalmente, el 12 de julio de 2011 volví a ser libre. Me fui directito a Puerto Rico a buscar a Joe Joe. Con lo que me tocó de mi parte de la casa en Tampa compré mi primer apartamento en Miami, al que me mudé con mi hijo. Cerré la *boutique* en la isla; solo me quedé con el negocio de los mahones y comencé a retomar mi vida artística. Regresé a hacer intervenciones en programas de televisión, hice el *reality show* de *Latinas VIP* y trabajé duro para recuperar todo lo importante que había dejado atrás por perseguir un falso amor. ¡Volví a vivir!

Celebrando mi cumpleaños con Joe Joe y papi.

Categoría 8:

## LLUVIAS TORRENCIALES

El tiempo cura todas las heridas y las mías fueron sanando poco a poco, hasta darme la oportunidad de abrir nuevamente mi corazón al amor. En ese proceso conocí a varios hombres que se mostraron interesados en mí más allá de una amistad, pero fueron relaciones pasajeras, algunas porque me daba cuenta de que lo que querían era coger pauta conmigo y los dejaba rapidito, o porque ellos salían corriendo al no saber manejar la atención que conlleva andar de la mano con Maripily.

La esperanza de enamorarme y lograr mi sueño de casarme por la Iglesia católica seguía latente. Entonces apareció en mi vida un nuevo pretendiente: el ejecutivo radial. Lo vi por primera vez en una emisora en Miami, donde me estaban haciendo una entrevista. Parecía que ya me había echado el ojo y ese día entró a la cabina en la que yo estaba, para presentarse. De ahí me invitó a cenar y empezamos a salir. A mí me gustaba mucho. Lo encontraba bien atractivo, alto como me gustan los hombres a mí; me trataba bien, como todo un caballero, y ambos estábamos solteros. Ah, ¡y también en la cama era espectacular!

Nuestras familias se empezaron a relacionar y Joe Joe lo amaba. Bueno, lo ama, porque todavía se comunican de vez en cuando. Todo iba perfecto... hasta que me empezaron a llegar comentarios de que el ejecutivo era gay. Al principio no les presté mucha atención a los rumores, porque de mí han dicho de todo. Por ejemplo, cuando practicaba el fisiculturismo y me puse bien musculosa, rápido los *haters* dijeron que era lesbiana. Estoy acostumbrada a los chismes. Además, no soy homofóbica; de hecho, tengo un hermano gay y siempre he defendido a la comunidad LGBTTQ+. No tengo problemas ni me meto con las preferencias de nadie en la cama. Lo que no me gusta es que me mientan, sobre todo después de la experiencia con el pelotero. Por eso, en algún momento, con toda naturalidad, le pregunté directamente al ejecutivo si era homosexual o bisexual, y él me aseguró que no.

El noviazgo siguió de lo más bien y unos días antes de Navidad me propuso matrimonio. Llegó a mi casa con unos mariachis para pedirme que nos casáramos. Fue un momento inolvidable. Estábamos nosotros solitos y, claro, le dije que sí. Rápido comenzamos a planificar la boda, y tan pronto se supo en los medios que nos íbamos a casar, el rumor me volvió a llegar, pero esta vez a través de una persona que yo sabía que no tenía por qué mentirme. Me enviaron mensajes por Twitter para decirme que el ejecutivo me estaba mintiendo, porque había vivido diez años con fulano de tal... con su nombre y apellido. Me dieron todos los detalles, incluyendo que la casa que era suya y la había comprado junto con su expareja, un hombre al que había dejado porque, alegadamente, se había enamorado de mí. Me puse a averiguar sobre esa persona y confirmé que lo que me habían dicho era la verdad. Todo esto pasó una semana después de que yo hubiera hablado con el sacerdote que nos iba a casar por la Iglesia y cuando ya habíamos enviado las tarjetas de *save the date* para la boda.

Buscando la manera de que el ejecutivo me contara lo que había pasado, le pedí que fuéramos a tomar clases de pareja antes de casarnos. Le recordé que ya tenía un divorcio y que no quería volver a equivocarme, mucho menos si nos íbamos a casar por la Iglesia, porque eso era muy serio e importante para mí. Me recomendaron a un pastor que iba a mi casa y nos daba las clases en el balcón. Primero teníamos unas sesiones individuales y después nos hablaba a los dos juntos. En una de mis sesiones individuales le conté al pastor de lo que me había enterado y le pedí que me ayudara a confrontarlo, porque no me podía casar sin saber la verdad.

El pastor se fue a un cuarto solo con el ejecutivo; no sé exactamente lo que hablaron, pero cuando salieron me dijo: «Él tiene algo importante que decirte». Ya sabía lo que venía, pero, de todas maneras, tenía miedo. Deseaba en el fondo de mi corazón que todo fuera un error, un malentendido. Entonces el ejecutivo, llorando, aceptó que había tenido una relación con un hombre que, según él, duró seis años. Atacada en llanto, le pedí que no me mintiera más porque lo sabía todo, hasta su nombre, y que estuvieron juntos por diez años. Le reclamé que me sentía utilizada y ahí mismo le dije que no me iba a casar con él.

Como era de esperarse, la cancelación de la boda, o «el nuevo escándalo de Maripily», les proveyó de buen contenido a los programas y secciones de farándula. A mí lo que me trajo fue una profunda tristeza que me llevó al borde de una nueva depresión. Gracias a Dios, me llegó una oportuna oferta para hacer el programa *Top Chef Estrellas,* que fue mi salvación. El trabajo requería que me fuera a vivir a otro estado durante seis meses, y me pude alejar de la situación por ese tiempo. Con lo que no contaba era con que, mientras yo hacía el *reality show*, el ejecutivo intentaba nuevamente acercarse a mí por medio de mi familia, que lo adoraba.

Cuando se acabó el programa me reuní con papi y me pidió que le diera una oportunidad al ejecutivo para que me demostrara que había cambiado, como le decía a mi familia. Eso se me quedó dando vueltas en la cabeza, porque la verdad era que yo lo quería, y decidí darle un *break* para que hablara conmigo. Acordamos en encontrarnos en un restaurante, que era un terreno neutral, porque él se molestaba cuando yo lo enfrentaba con la verdad. La conversación se fue caldeando y en una de esas me alzó la voz y yo me levanté de la mesa y me fui caminando para la casa, que quedaba cerca. Como él iba en su carro, llego primero y allá continuó la discusión.

Le hablé bien fuerte; él perdió el control y me tiró un puño a la cara que, nada más con rozarme, me tumbó al piso. Me levanté para defenderme y le tiré con lo primero que encontré, que ya ni me acuerdo lo que fue. Él salió corriendo de la casa y ahí llamé a la policía. Por ese incidente, el ejecutivo pasó un día en la cárcel. Después no continué con el caso en su contra porque él nunca había sido una persona violenta conmigo y no le quería hacer daño. Por mucho tiempo no supe más de él, hasta el día en que murió mi abuela de cáncer y me llamó para darme el pésame. Se acabó todo entre nosotros. Él hizo su vida y yo la mía.

Jamás pensé que tendría que enfrentar nuevamente una agresión física de una pareja. Yo, ¿víctima de violencia doméstica? ¡Jamás! Hasta que, por desgracia, conocí al constructor paquistaní. Este hombre se me presentó inicialmente como un fan; me escribía mucho y hablábamos por FaceTime, cada vez más seguidito. Él vivía en Los Ángeles, así que durante un viaje de trabajo que tenía en esa ciudad

aproveché para que por fin nos conociéramos personalmente. Como siempre ocurre al comienzo de
una relación, todo fue bello, y le permití entrar a mi
círculo personal.

A medida que pasaba el tiempo, la diversidad cul-
tural, que al principio fue una atracción entre nosotros —le encantaba que le enseñara sobre Puerto
Rico y nuestras tradiciones—, comenzó a dar lugar
a serias diferencias. Me fui dando cuenta de cómo
la relación iba cambiando para mal. Por ejemplo, se
burlaba de mi acento boricua, criticaba a mis amistades y nuestra forma de ser, y eso me molestaba
muchísimo. Para colmo, los arrebatos de celos del
tipo se convirtieron en la orden del día, porque yo
me la pasaba viajando y prácticamente llevábamos
una relación a distancia.

En los seis meses que estuvimos juntos tuvimos
discusiones fuertes, en especial un día que me cogió
el teléfono y empezó a bloquearme contactos. Hubo un forcejeo entre nosotros, pero no una agresión
como tal. Ese incidente fue una señal que debí haber entendido; está claro que mi autoestima no era
la mejor en ese momento. Pero sabía que esa relación no iba a progresar y él también se estaba dando cuenta de que tarde o temprano lo iba a dejar.

Eso fue lo que pasó ese día que llegó borracho a mi apartamento en Miami y se atrevió a criticar a mi hijo. ¡Hasta ahí llegó! Le dije todas las cosas que no me gustaban de él y le pedí que se fuera. En esa discusión me agarró por el cuello y me empujó contra la cama, que era de madera. Como pude, me levanté, agarré el celular y llamé rápido a la seguridad del edificio. Él se asustó, y en lo que los de seguridad subían a mi apartamento, se fue corriendo y se escapó por la escalera de emergencia. Puse una querella de violencia y resultó que ya tenía otros casos, pero el tipo se desapareció. La verdad es que yo tampoco quería saber nada de él.

Estoy consciente de que me salvé de milagro, porque si al caer me llego a dar en la cabeza, no lo estaría contando. El golpe fue tan fuerte que me dejó tremendo moretón en el área de las costillas, pero nuevamente Dios y mami estaban conmigo para que sobreviviera a ese ataque. Sé que tuve suerte. Por eso me afecta tanto cuando veo la noticia de una mujer asesinada por su pareja, porque yo pude haber sido una más en esa triste lista de víctimas de violencia machista. Yo pude salir, pero hay tantas mujeres que no lo logran... es una crisis que debería ser prioridad para nuestros gobernantes. #NiUnaMás.

A cualquier mujer que esté pasando por esto, le aconsejo que salga corriendo de esa relación desde la primera señal de violencia, aunque no sea física. No hay por qué aguantar maltratos de nadie. Que busque ayuda alertando a su familia a través de un profesional de la salud o de alguna de las organizaciones que se dedican a combatir este mal social. Al final de este libro comparto un listado de contactos donde las víctimas pueden encontrar apoyo para salir del ciclo del maltrato. Tú puedes; voy a ti.

Más adelante me encontré con el que se convirtió en otro «por poco» en mi vida: el policía. Llegamos a comprometernos para casarnos, pero todo se fue a la mierda a medida que fui descubriendo su verdadera personalidad. Nos conocimos en una fiesta de uno de mis mejores amigos en Puerto Rico y él era su guardaespaldas. Esa noche me llevó hasta mi casa, pero no sean mal pensados, que no pasó nada. Fue muy amable conmigo. Nos hicimos novios bastante rápido. Coordinó con mi hermano una sorpresa para él pedirme matrimonio en el Cañón Blanco, en Utuado. Allí nos comprometimos. Esas fotos las vio todo el mundo, porque las compartí en mis redes sociales con mucha ilusión. Bien se podría decir que tropecé de nuevo con la misma piedra.

Por un lado, los celos del policía se manifestaban sin control, y por el otro yo me daba cuenta de que recibía mensajes de otras mujeres en su celular. Se repetía la pesadilla de gente enviándome pruebas de que el tipo era un mujeriego. Ni Joe Joe aprobaba esta relación, porque también se enteró de las infidelidades del individuo. No quería que me casara con él y dejó de hablarme por dos meses. Algo así nunca había pasado entre nosotros. Mi hijo tenía la razón. Es que todavía lo pienso y me da coraje conmigo misma.

La gota que colmó la copa fue una noche en que el policía contestó la llamada de un amigo con el celular en *speaker*. Escuché clarito cuando el amigo le dijo: «¿Cómo está el futuro millonario?». Eso me hizo abrir los ojos de una vez por todas. Confirmé que estaba conmigo por el dinero, que no me quería realmente. Le pedí que recogiera sus cosas y que se fuera de mi casa. Sentí un poco de miedo, porque él tenía armas y no sabía cómo iba a reaccionar. Entonces, cuando estaba de salida, me pidió que le devolviera la sortija de compromiso, y yo, sin pensarlo dos veces, me la quité y la tiré por el balcón. ¡Ay,

Virgen! Ahora me río de eso, pero no creo que a él le haya dado gracia, porque no la pudo encontrar.

Por cierto, esa no fue la primera sortija de compromiso que boté. La que me dio Joey se la tiré en el carro. Creo que su mamá se quedó con ella, me dijo Joe Joe. La del empresario radial la tiré por la ventana p'abajo también. La única que guardé fue la del pelotero, porque ha sido mi único matrimonio y porque él no me pidió que se la devolviera; la tengo guardada en el banco. Así que los que piensan que tengo una colección de anillos, se equivocan. Yo, aparte de ser muy orgullosa, no me aferro a lo material.

Lo increíble es que después de tan malas experiencias, todavía sigo creyendo en el amor. Es más, decreto que mi media naranja llegará a mi vida cuando menos lo espere. Si el corazón sigue latiendo, una tiene derecho a amar. Sé que un día me voy a casar por la Iglesia, como siempre quise, y, si Dios me lo permite, volveré a ser madre. Esta vez de una niña. Sí, aunque tenga 50 años. ¡Eso sí sería un verdadero escándalo! Si es que físicamente no es posible: lo tendré mediante gestación subrogada, como han hecho otras celebridades. Mientras tanto, me voy a seguir dando la oportunidad de conocer gente y disfrutar el momento, hasta que llegue el indicado.

Seguramente hay quien opina que he tenido muchas parejas, o tal vez demasiadas. Bueno, yo no las cuento como hacen algunos medios en sus listados de «los amores de Maripily». Hay que ver que en eso a las mujeres nos juzgan diferente, porque a los artistas masculinos no les andan sacando las cuentas de con cuántas se han acostado. Lo que puedo decir es que, si me ha ido mal en el amor, no ha sido por trepadora. Más bien, en el amor lo que he sido es bien pendeja.

Quizás el miedo a quedarme sola es lo que me lleva a dejar entrar en mi vida a personas que no lo merecen. A lo mejor no es que tenga mala suerte, sino que soy lo suficientemente valiente para terminar con las relaciones cuando no dan para más. Toda moneda tiene dos caras. Créanme, estoy trabajando en mejorar mi vida sentimental, tratando de aprender de las experiencias pasadas para no cometer los mismos errores. Sin perder la fe, sin odio en mi corazón, alimentando mi amor propio y aceptando que no necesito tener un hombre a mi lado para sentirme realizada. Estaré feliz conmigo misma mientras llega esa persona con la que anhelo compartir mis sentimientos. Pero soy humana, y no dudo que me vuelva a equivocar. Mejor lo tomo con humor. Si es que me toca ser la Elizabeth Taylor boricua, pues así será. Ya veremos cuándo es que termino de pagar mi supuesto karma de la otra vida.

Celebrando el triunfo en *La Casa de los Famosos*
con el maletín de los $200 mil.

Categoría 9:

# CAMBIO DE VIENTO

Las decepciones amorosas siempre vienen acompañadas de un periodo de tristeza, una especie de luto que, si no se atiende, te lleva directito al torbellino de la depresión. Caminé muchas veces por esa ruta y casi siempre pude reconocer la necesidad de recibir ayuda profesional. En otras ocasiones mi mejor medicina fue refugiarme en el gimnasio.

Hay quienes piensan que estoy obsesionada con tener un cuerpo perfecto, pero la realidad es que hacer ejercicio es una de mis herramientas más efectivas para superar obstáculos y recargar baterías. Trabajar a un alto nivel para estar en esta condición física también me ha servido para sentirme empoderada como mujer. Ese tiempo que me dedico en el *gym* es sagrado, porque en ese espacio me siento segura y me desconecto de los problemas mientras mi mente y mi cuerpo se fortalecen.

Desde temprana edad estuve rodeada de todo lo que tiene que ver con el mundo del *fitness*, viendo a papi siempre metido en ese ambiente como entrenador. Compartimos esa pasión, que es más bien un estilo de vida. Sin embargo, fue una situación personal la que me llevó a practicar el fisiculturismo de manera profesional. Cuando Joe Joe decidió mudarse con su papá, a sus 17 años, para mí fue un golpe inesperado, como les conté antes. Aunque entendía muy bien la necesidad que él tenía de estar con esa figura paternal, se me quebró un poco el corazón, porque quería que se quedara conmigo. Me encontré sola, con demasiado tiempo libre, y decidí aprovechar ese espacio haciendo ejercicio. Iba al gimnasio para salir de esa nostalgia que me consumía, un lugar en el que lograba entretenerme y sentirme bien.

Me apasioné con la disciplina del fisiculturismo y me puse a entrenar bien fuerte para competir profesionalmente en Puerto Rico. Así fue como, a mis 41 años, gané el primer premio en la competencia de Miss Bikini Fit Wear y llegué segunda en varias otras categorías. Fue un reto enorme para mí, pero me dio una gran alegría haberlo logrado y, además, haber hecho realidad un sueño que mi papá tenía: competir.

Cuando me miro al espejo hoy, siento que todo ese sacrificio bien valió la pena. Esa misma satisfacción la siento cuando otras mujeres se me acercan para preguntarme cuál es mi secreto para verme fabulosa a la edad de 47. Pues sepan que es a fuerza de ejercicios y buena alimentación. Entreno de lunes a sábado; solo me tomo el domingo de descanso, a menos que esté enferma. Incluso si estoy de vacaciones, procuro que en el hotel en que me hospede haya gimnasio y siempre voy tempranito en la mañana para comenzar el día llena de energía.

En cuanto a mi alimentación, aunque no llevo una dieta como tal, todo lo que como es muy saludable. Eso es algo que aprendí del estilo de vida de mi papá. Mi cuerpo no asimila bien las carnes rojas ni los lácteos, así que prácticamente no los consumo. Tampoco ingiero nada crudo. Hago dos comidas al día, casi siempre avena con agua para el desayuno o claras de huevo y, por supuesto, siempre con mi taza de cafecito negro en mano tan pronto me levanto. Mi debilidad es la pizza, la amo, pero como hago ejercicio todos los días, me puedo dar ese gustito cuando quiero, porque quemo rápido esas calorías. Y algo muy importante: no bebo, no fumo y nunca he consumido drogas. Todo eso influye para que me vea como me veo en la ruta hacia el quinto piso.

Un asunto que intriga demasiado a alguna gente es saber si todo lo que presumo en esta figura es natural. Para que quede en *record,* la única cirugía estética que me he hecho, obviamente, ha sido la de las tetas. Me las he tenido que reconstruir en tres ocasiones, y no descarto una próxima intervención para reducir el tamaño. Estén pendientes. ¿La nariz? No me la he refinado. Al rebajar, como es natural, toda mi figura cambió, pero no ha habido ayuda del cirujano. Eso no quiere decir que, si algún día entiendo que hay que arreglar alguito, no lo haga, pero hasta ahora no ha sido necesario. Cuando hay que rellenar alguna arruguita que se atreve a asomarse, por supuesto que se elimina con la ayuda de un profesional y cuidando que el remedio no sea peor que la enfermedad.

Lo que es cierto es que ando producida 24/7. Salgo bien perra hasta para ir a la playa. Me gusta estar siempre peinada y arreglada, aunque me quede en la casa. A veces la gente me pregunta si es verdad que me levanto todas las mañanas como aparezco en lo que hago para mis redes sociales, estirando el cuerpo y luciendo una ropa interior bien sexi. La respuesta es que sí. Maripily duerme así, casi desnuda. Los que han sido mi pareja lo saben. No es una fantasía que construya para publicar, simplemente es algo muy mío. Soy picúa, punto. Por supuesto que me quito el maquillaje para dormir, pero tan pronto me levanto me gusta ponerme bella, porque eso me hace sentir casi invencible.

Siempre me he sentido cómoda mostrando mi piel con poca ropa, a pesar de que mi padre era bien conservador y trataba de controlarme en ese aspecto desde mi adolescencia. Recuerdo que la falda del uniforme me llegaba por debajo de la rodilla y cuando llegaba a la escuela me la subía un poco para que se viera más corta. No me dejaron afeitarme las piernas ni usar tacos hasta los 15 años, y yo quería hacer todo lo que me prohibían. Mucho antes que Bad Bunny, yo hacía con mi cuerpo lo que me daba la gana. Breguen con eso.

Pero por muy liberada que fuera, siempre puse mis límites. Por eso nunca acepté alguna propuesta que implicara hacer un desnudo total. Claro que me lo ofrecieron. Lo más atrevido que hice, para uno de mis calendarios, fue *body painting*, pero en esa foto tenía mi panticito bien puesto en su sitio. Fui bien cuidadosa con eso, sobre todo por respeto a mi hijo. Tampoco es cierto que tenga miedo a envejecer. Me veo en el futuro como una doñita linda, *fitness* y sexi, porque ya eso es parte de mi forma de ser.

No obstante, incluso yo, con todo lo que me cuido, he tenido mis problemitas de salud. Justo un año antes de entrar a *La casa de los famosos* sufrí un derrame cerebral leve. Todo por un coraje bien fuerte que pasé después de que mi hijo tuviera un accidente aparatoso piloteando un carro de carreras. Me enojé con el papá de Joe Joe porque, a pesar de que yo me oponía a que practicara ese deporte, él le facilitó su entrada a ese mundo que a mí nunca me gustó porque entendía que era muy peligroso. Cuando ocurrió el accidente, le eché la culpa a él por exponerlo a esa situación, de la que salió vivo de milagro.

Ese día me acosté llorando con todo ese coraje; cuando me desperté, mi maquillista se dio cuenta de que tenía la boca virada y un ojo apagado. Rápido le envié una foto a mi doctor y él me mandó ir con un neurólogo, que certificó que me había dado un leve derrame. Ese fue otro gran aprendizaje para mí, de que no se pueden coger las cosas tan a pecho. Está comprobado que el coraje mata. Estoy practicando la técnica de respiración. Obvio que todavía no la domino, pero yo trato, trato, trato... Gracias a Dios, Joe Joe dejó la afición por las carreras de auto y eso me dio mucha tranquilidad cuando entré a *La casa de los famosos*.

Hablando de la muerte, a esa sí le tengo miedo. No me gusta ni pensar en ese tema. No quiero irme de este mundo sin ver a mi hijo realizado, con una familia formada, y, por supuesto, poder disfrutar de mis nietos. Cuando todo eso pase, a lo mejor me sentiré lista para pasar al próximo plano, pero todavía me faltan demasiados sueños por cumplir. Por eso hago todo lo posible por mantenerme saludable, poniendo de mi parte para añadirme todos los años que pueda. Ahora se me hace difícil pensar que alguna vez consideré atentar contra mi vida y comprendo que, en momentos de angustia extrema o de tristeza profunda en que nos sentimos desamparados, no sabemos cómo vamos a reaccionar y podemos tomar decisiones fatales. Si este pensamiento alguna vez pasa por tu mente o la de alguien que conoces, no dudes en buscar ayuda lo antes posible. La vida es valiosa, mucho más que cualquier problema que nos toque enfrentar. Mientras haya vida, existe una solución. Al final de este libro comparto algunos contactos de apoyo profesional para prevenir el suicidio.

Otro momento en que temí por mi vida fue cuando sufrí un accidente en México mientras realizaba una rutina de *pole dancing* aéreo como parte de mi participación en el *reality show* de Telemundo *Sí se puede* en el 2015. Ese programa fue el que me dio popularidad en ese querido país, que hoy considero mi segunda patria. Estaba ensayando la coreografía para la final del concurso junto con mi pareja de baile cuando hubo un fallo con la parte de la cuerda donde él debía aguantarse para yo hacer mis vueltas. Ambos caímos al piso y abajo no había nada de protección; yo caí de espaldas y él, encima de mí.

Aparte del dolor, fue un susto horrible, porque en el momento casi no me podía mover y pensé lo peor. Luego me llevaron en ambulancia al hospital y para mí fue aterrador, porque mi mamá murió en una ambulancia y eso fue lo primero que me vino a la mente. Gracias a Dios, lo que tuve fue un desgarre, y luego de muchos días internada me dieron de alta con el brazo inmovilizado. Cuando salí me enfoqué en mi recuperación, porque la mente es lo primordial para sanar. Seguí las terapias hasta que me recuperé completamente. Lo curioso de todo esto

es que antes del accidente estábamos entre los fa-
voritos para ganar la competencia... y pues me sentí
frustrada porque no pudimos terminar. Después te
das cuenta de que, simplemente, ese no era tu momento, y de que la vida siempre tiene preparado para ti algo mejor.

Un momento histórico en el Centro de Bellas Artes después de *La casa de Maripily. ¡Se vale to!*

Categoría 10:

# LA VIRAZÓN

S i bien en el aspecto personal mi vida se divide en un antes y un después de ser mamá, mi carrera profesional se divide en un antes y un después de mi participación en *La casa de los famosos*. Los mismos ejecutivos de la cadena Telemundo han descrito esa cuarta edición del *reality show* como un fenómeno, porque superó por mucho los niveles de audiencia de las temporadas anteriores. Modestia aparte, ese fenómeno tiene nombre: Maripily. Eso no lo digo por prepotencia, sino porque lo pude confirmar tan pronto salí de la competencia.

Está visto que las cosas pasan en su tiempo perfecto. La primera vez que me invitaron a participar en *La casa de los famosos* inicialmente dije que sí, y luego me eché para atrás. Fue en la edición anterior, la que ganó la reina boricua Madison Anderson. Claramente era su tiempo y no el mío. En esa temporada no me sentía segura de participar; no sabía si podía estar tanto tiempo encerrada, alejada de mi hijo y sin comunicación. Por eso, un mes antes de que empezaran las grabaciones, me arrepentí de haber decidido entrar a la casa. Pero me dediqué a ver el programa, a analizarlo, y de cierta manera me fui preparando para lo que venía.

Al año siguiente me volvieron a hacer la propuesta. Esa vez me sentía segura. Logramos una mejor negociación, montamos un equipo de trabajo para dejar todos mis negocios corriendo y acepté entrar a la cuarta temporada, bien tranquila. Mi intención desde el principio era que la gente conociera a María del Pilar, más allá de Maripily. Iba con la ilusión de representar a mi país, pero nunca imaginé el nivel de lo que esto iba a significar para el resto de mi vida.

Como en todo lo que hago, mi participación en *La casa de los famosos* levantó pasiones y críticas, tanto positivas como negativas; de todo, menos indiferencia. De acuerdo o no con mi forma de ser o de reaccionar, los puertorriqueños se sintieron ofendidos por los ataques de los demás miembros del *reality* hacia mí y de las estrategias sucias que se jugaban para tratar de sacarme de competencia. Los boricuas no se dejaron llevar únicamente por lo que salía al aire en las transmisiones del programa, sino que se pegaron por web a la pantalla 24/7 para descubrir la verdadera personalidad de cada uno de los integrantes. Querían perjudicarme y lo que lograron fue despertar al monstruo.

Una de las cosas que la gente más me pregunta sobre el programa es si las situaciones que se vivían en la Casa eran planificadas, especialmente los encontronazos entre los participantes. Les aseguro que todo lo que pasó allí fue real. La mejor prueba de lo fuerte que puede ser la competencia es que tres de los concursantes se quitaron, porque no pudieron bregar con el ambiente que se vivía allí. Es un juego duro, de mucha hipocresía, de mentiras y maldad. Eso no lo puede soportar todo el mundo.

Como todos saben, mis mayores conflictos dentro de la Casa fueron con Lupillo. Antes de entrar al *reality* tenía una percepción bien distinta del cantante, a quien consideraba una gloria de la música mexicana. Entendía que era una persona respetable, pero en esa convivencia pude descubrir su verdadera personalidad. Tan pronto él se dio cuenta de que yo era su competencia, no paraba de buscar la manera de ridiculizarme o de manipular a otras personas para que se pusieran en mi contra. Era como si se sintiera superior a mí.

Lupillo tenía sus estrategias bien claras. A lo mejor pensaba que me le iba a quedar callada, pero yo no me dejaba: le decía las cosas en la cara y eso le daba más coraje. Le molestaba que fuera tan frontal, porque a él no le gustan las mujeres fuertes de carácter. Él mismo me lo dijo en una de las discusiones que tuvimos. Lo único bueno que puedo decir que aprendí de ese hombre fue el significado de la palabra *misógino*. Sin embargo, aunque sus movidas por momentos me sorprendían, no pudo desenfocarme de mi meta.

Si pudiera borrar algo de la competencia sería el tiempo que Rodrigo Romeh se enemistó conmigo, aunque sé que fue víctima de esas mismas manipulaciones. Eso no debió haber ocurrido, porque desde que nos conocimos hubo entre nosotros una conexión bien bonita. Afortunadamente, lo pudimos superar. Romeh, de cierta manera, ocupó el espacio de mi hijo dentro de la Casa. Sentía que me protegía y que me ayudaba a tranquilizar mi carácter fuerte. Teníamos la química perfecta. Entiendo que si el

Cuarto Tierra se hubiera dejado llevar por nosotros dos, muchos se hubieran quedado por más tiempo.

Ese cariño con Romeh trascendió la competencia, porque es un hombre noble, trabajador, al que hoy considero como mi segundo hijo. Me ha confiado muchas cosas de su vida, pues, al igual que yo, ha sufrido heridas que todavía tienen que sanar. Lo aconsejo siempre y él me dice que le recuerdo a su mamá. Hablamos casi todos los días. Así que dejen de estar tratando de juntarnos como pareja. Sé que nos vemos bonitos, pero entre nosotros no hay nada más que una relación hermosa de madre e hijo. Eso, aparte de una productiva relación profesional, que nos ha unido en diferentes proyectos comerciales.

Volviendo a *La casa de los famosos,* mi única estrategia allí fue virar todo a mi favor, como cuando trataron de humillarme con el apodo de Macumba. ¡Y que a mí! En esos cuatro meses me nominaron ocho veces para salir de la Casa, y ocho veces el público me salvó. Entonces, por más deprimida que me sintiera, aunque estuviera pasando por problemas de salud, cuando mi ánimo estaba por el piso y me encerraba a llorar en el baño, incluso cuando estuve a punto de quitarme porque sentía que no podía estar más tiempo encerrada, ese voto del público me devolvía la motivación y la fe de que podía ganar.

Cada vez que regresaba salvada de la nominación y abría aquella puerta, el sentimiento era real; cada frase que surgía me nacía del corazón, de la felicidad de ver cómo ustedes me ayudaban a vencer la maldad. Me sacaba esas cosas de la manga y no tenía la menor idea del furor que eso estaba causando afuera ni de que mis frases se estuvieran pegando de esa manera.

En una de las últimas galas, cuando llevaron a Joe Joe a la Casa, empecé a entender la magnitud de lo que estaba ocurriendo. Cuando él me dijo: «Mami, Puerto Rico te quiere tanto como a Tito Trinidad», no lo podía creer y empecé a llorar. Ahí me convencí de que tenía que seguir luchando hasta el final. «No puedo defraudar a mi gente», me repetía a mí misma como un mantra. Cuando salí de la Casa pude confirmar que todo lo que me había dicho mi hijo era verdad. Me encontré con un mundo distinto, como si estuviera en un sueño. La vida me había cambiado completamente... para mejor.

El recibimiento que me hicieron en Puerto Rico fue algo asombroso para mí. Ver a esa multitud, gente de todas las clases sociales gritando mi nombre por las calles que recorrimos y queriendo tomarse una foto conmigo, es un sentimiento que no puedo explicar con palabras. Nunca olvidaré la fuerza con la que me abrazaron los boricuas en la Parada Puertorriqueña en Nueva York ni el honor que me brindó la comunidad LGBTTQ+ al coronarme como la reina del Festival Orgullo Boricua, en Boquerón. Todo esto fue para mí como estar caminando en las nubes. Ese cariño sincero que me dieron quedó tatuado en mi corazón.

Igual de impresionante fue ver las expresiones artísticas que generó el Huracán Boricua. Escribieron canciones, pintaron murales... hasta artesanías hicieron con mi imagen. ¿Y qué me dicen de la cantidad de artículos noticiosos y columnas de opinión que publicaron en distintos medios de comunicación analizando el fenómeno de Maripily? Eso me dejó con la boca abierta, porque ya no se trataba de las tradicionales notas en las secciones de farándula o entretenimiento, sino de reconocidos autores, *influencers*, profesionales en sociología, analistas y periodistas de la que se conoce como «noticia dura».

Por supuesto, no todas las críticas fueron positivas. Entre el aguacero de opiniones hubo hasta teorías de conspiración política. ¡Está cabrón! Pero la realidad fue que todo el mundo tuvo algo que decir. Todos querían un pedacito del bizcocho: no podían quedarse atrás sin comentar algo sobre el tema del momento. No hablar de Maripily era casi como estar enajenado de la realidad. De todo lo que se publicó, escogí quedarme con lo bueno, con las opiniones constructivas. Cuento a continuación algunos ejemplos.

La escritora Ana Teresa Toro, en su columna para el medio internacional *El País*, describió el histórico suceso como solo ella lo sabe hacer: «Maripily Rivera no solo paralizó el país, sino que generó meses de debate público en torno a su participación, incidió en la narrativa nacional acerca de lo que nos representa o no y transgredió lealtades políticas, sociales y culturales bajo el mandato colectivo que rigió el boca a boca: hay que votar por Maripily».

Ana Teresa analizó, además, cómo logramos transformar en algo positivo la palabra *huracán,* que tan malos recuerdos le trae a nuestro pueblo: «Ella se hacía llamar el Huracán Boricua, y exageraba diciendo que era un huracán categoría 10. Este jueves, le harán un recibimiento en las calles de San Juan [...]. Dicen en la calle que el jueves llega el huracán. Las heridas del que nos rompió en el 2017, María, siguen ahí; [...] pero la gente ha comenzado a decir la palabra *huracán* sin miedo».

En su columna para el periódico *El Nuevo Día*, el periodista Benjamín Torres Gotay se cuestionó la gran acogida que tuvo Maripily en *La casa de los famosos*: «"Salvar" a Maripily se convirtió en una cuestión de orgullo nacional, a tal punto que un candidato a la gobernación, el popular Jesús Manuel Ortiz, la llamó "un ente unificador y ejemplo de perseverancia"».

El periodista Normando Valentín también hizo su análisis sobre el fenómeno del Huracán Boricua en su columna para el periódico *Primera Hora*: «Solo Maripily podía lograrlo. Por años soportó con gran *estámina* las burlas, comentarios despectivos, los chistes y hasta las parodias. Otra persona se hubiese amargado, deprimido o se habría exiliado, mandándonos a todos a buen sitio. Sin embargo, ella siempre regresa a su isla».

En una entrevista publicada en el periódico *El Vocero*, la socióloga Franchesca Soto explicó que Maripily Rivera «ha apelado también su carisma al imaginario social de poder conectar con la madre, con la cuidadora, con esa mujer que se empoderó, que es una mujer empresaria, que también resurge de las heridas».

El sociólogo y periodista Hiram Guadalupe dijo en el diario *Metro:* «El apoyo masivo que obtuvo la empresaria se debe a que una buena parte de la población se identifica y se ve reflejada con la participante del programa. La muchacha puertorriqueña de Ponce, que tuvo sueños, salió a emprender un camino, que tuvo 20 tropiezos y empezó a triunfar... Se parece a ti porque actúa como tú. De alguna manera, Maripily lo que ha ganado en todo ese proceso ha sido el respeto y el reconocimiento a lo que ella es».

La comediante Norwill Fragoso publicó en *Primera Hora:* «Maripily Rivera ha despertado nuestra identidad nacional, de eso no queda duda. Es la ganadora de nuestros corazones y se ha consagrado ante su país como una mujer valiente, luchadora, honesta, con un sentido del humor único e inigualable, pero sobre todo como una gran madre. [...] La ganadora de todos los puertorriqueños y latinos de Estados Unidos. Insisto, se consagró e inmortalizó».

En el periódico *Noticel*, el licenciado Jaime Sanabria Montañez argumentó: «La victoria de Maripily se extiende mucho más allá del propio marco televisivo que la ha acogido y propiciado. La victoria de Rivera: periodista de formación, inteligente, modelo, empresaria, polifacética, mujer, a fin de cuentas, ha adquirido la etiqueta de identitaria, de embajadora del orgullo patrio, de símbolo, de grito unificado de una etnia boricua enraizada en la historia. La victoria de Maripily solo fortalece los enlaces emocionales [y] el sentimiento de pertenencia de los [...] puertorriqueños», dentro y fuera de la isla.

Curiosamente, Alfonsina Molinari, la Maripili original, gracias a la cual gané mi nombre artístico, también tuvo algo que decir sobre mi triunfo en el *reality show*. En efecto, la actriz Alfosina Molinari, con su personaje María del Pilar o Maripili, protagonista de una comedia familiar que se popularizó a finales de los años 80, opinó en una entrevista con la Fundación Nacional para la Cultura Popular: «¡Ella es una mujer muy fajona! ¡Bien fajona! Ha caído de pie siempre; trabaja duro y lo que hace, lo hace bien. ¡Ese es su gran talento! Creo que eso es encomiable. Que la gente se haya volcado tanto por su éxito en *La casa de los famosos* no me sorprende para nada. Cuando se representa a Puerto Rico haciendo lo que sea, pues este pueblo es —aunque no lo quieran admitir— bien nacionalista».

Haciendo un análisis quizás menos profundo, pero con el corazón en la mano, mi opinión sobre lo que sucedió conmigo en la cuarta temporada de *La casa de los famosos* es que fue un acto de justicia divina. Después de tantas situaciones difíciles, de tanto trabajo, de tantos sacrificios y de tantas lágrimas, ya era hora de que la tortilla se virara a mi favor. Mejor dicho, de que llegara la virazón del huracán. También estoy segura, porque así me lo han confesado ellas mismas, de que muchas mujeres boricuas se identificaron con mi carácter fuerte dentro de la Casa.

Maripily no es una Barbie: es una mujer real, una madre soltera, fuerte, que ha sido criticada y discriminada, pero que no se deja, que dice las cosas de frente y si tiene que decir una mala palabra para darse a respetar, pues también la dice. En la Casa superé todos los obstáculos que tuve, hasta la humillación, y por eso el público decidió defenderme con sus votos hasta crear un ejército de una fuerza invencible. La gente conoció a la verdadera María del Pilar, que se disfruta todas las cosas lindas y lucha contra todas las cosas malas que le toca enfrentar, sin llevar odio ni rencor en su corazón.

Por eso mismo fue que se pegó tanto lo del Huracán Boricua, aunque originalmente ese nombre artístico surgió en el 2012 durante mi participación en *Mira quién baila, reality show* de Univision. Cuando salí de aquella competencia me despedí con estas palabras: «Este Huracán Boricua va a seguir haciendo escantes». Lo dije porque de verdad me considero una tormenta de emociones, de sorpresas, que no me puedo estar quieta. Jamás pensé que, 13 años después, ese símbolo del huracán iba a tener un significado tan importante para mí, representando ese mar bravo de mi pasado que me quería arrastrar y del que pude salir fortalecida, hasta convertirme en una mujer categoría 10. Es más, ahora soy el Huracán Latino, porque, además de los boricuas, recibí el apoyo de otros hermanos latinoamericanos, en especial de mi México lindo y querido.

Esta oportunidad que me dieron Dios, mi público y mi país ha representado el renacer de María del Pilar Rivera Borrero. Me siento más empoderada que nunca, me valorizo cada día más y estoy convencida de que mi paz interior, mi autenticidad y mi felicidad no son negociables. Como diría la cantante Karol G, «lo siento, pero el *flow* no está a la venta».

En virtud de eso, estoy aprovechando el momento para ampliar mis horizontes como artista y empresaria. Por eso, desde que salí de la Casa no he parado de trabajar. Hicimos una obra de teatro, *La casa de Maripily. ¡Se vale to!*, que tuvo funciones en Puerto Rico, Nueva York, Boston, Orlando y

Miami. Estrenamos mi página web, maripilyshop. com, con una serie de productos exclusivos para la venta: lanzamos una nueva línea de maquillaje, tres perfumes, gorras, zapatos deportivos, tazas, efectos de mesoterapia, etc. Cumplí uno de mis grandes sueños al publicar este libro autobiográfico. ¡Y lo que falta! Gracias a un equipo de trabajo excepcional y a la energía que me dan ustedes, somos imparables y #SeguimosFacturando.

Llevar la bandera de Puerto Rico sobre mi espalda ha sido una sensación lindísima, pero al mismo tiempo es una responsabilidad enorme. Hay más ojos sobre mí, juzgando e interpretando cada paso que doy. Por eso también sigo trabajando sin pausa en construir la mejor versión de mí. No quiero cambiar mi forma de ser; lo que deseo es seguir dándoles alegría a mis seguidores y orgullo a mi país. Siento que voy por buen camino, sanando heridas del pasado, soltando los patrones que no me dejan crecer, alimentando mi amor propio, bien enfocada en mis objetivos personales y profesionales.

Si llegué al nivel que tanto deseaba y por el que tanto trabajé, no puedo dejarlo caer. Voy hacia adelante sin miedo, sabiendo que me queda mucho por aprender y un mundo por conquistar. Con Dios por delante, mientras tenga salud, la motivación de mi hijo, el apoyo de los que me quieren de verdad y el desafío de quienes me admiran con odio, a este Huracán Boricua no hay quien lo pare. Seguiré persiguiendo mis sueños como mujer, modelo, artista y empresaria. ¡Puñeta!

# CONTACTOS DE AYUDA CONTRA LA VIOLENCIA DE GÉNERO (PUERTO RICO):

Coordinadora Paz para la Mujer: 787 281 7579

Línea de Ayuda 939 CONTIGO: 939 266 8446

Línea de apoyo Community Alliance for Integrated
  Services to Victims: 939 255 9800

Línea de apoyo Hogar Nueva Mujer: 787 385 7628

Línea de apoyo Proyecto Matria: 787 489 0022

Línea de apoyo Tu Paz Cuenta de Taller
  Salud: 787 697 1120

Línea de orientación legal para sobrevivientes de
  violencia de género de la Casa Protegida Julia
  de Burgos: 939 301 0525

Oficina de la Procuradora de las Mujeres:
  787 722 297

## PREVENCIÓN CONTRA SUICIDIO, APOYO EMOCIONAL (PUERTO RICO):

Marca o envía un mensaje de texto al 988
Línea PAS de ASSMCA: 1 800 981 0023;
    1 888 672 7622, para personas con
    impedimentos auditivos y del habla.
Línea Nacional de Prevención del Suicidio,
    español: 1 888 628 9454;
    inglés: 1 800 273 8255